支え合い・学び合いで育つ「わたし」

人生を広げる生涯発達モデル

高木　和子

エディット・パルク

支え合い・学び合いで育つ「わたし」
目　次

図1　内と外との統合化の過程としてのことばに関わる認識システムの発達的多様化　6　45
図2　人生における世界の変化の多層的発達モデル　6　45

はじめに　9

第1部　生涯発達における「支え合い」―発達観の形成をもとに―　11

第1章　「世話される－世話する」関係と世代交代　13
1　人間理解の枠組みの明文化とその背景　14
2　生涯発達のモデル構築への準備　17
3　人生における「世話される－世話する」ことの意味と機能　23

第2章　大人の発達を記述する　31
1　生涯発達の捉え方と人間理解の枠組み　32
2　生涯発達心理学における「発達」を捉える視点の変換　38
3　「生まれてからの人生におけることばと認識の多層化モデル」を
　　　　　　　　　　　　背景とした枠組みの提案　43
4　生涯発達心理学における「発達」の概念　49

第3章　子育て支援をめぐる「支え合いの輪」の機能　55
1　子育て支援活動―「支え合いの輪」への参加についての検討―　56
2　大人の学びの場としてみた「共同－支え合いの場」の形成と参加過程　62

第4章　大人の発達を捉える：生涯発達心理学への新しい道筋　69
1　人生における「世話される－世話する」ことの意義　69
2　「大人の人生における世界の変化から見る多層的発達モデル」の構成　70
3　15歳から25歳ごろまでの「若い大人」としての発達を考える　74
4　大人の発達を考える（1）「支え合いの輪」への参加過程の学びと機能　75
5　大人の発達を考える（2）子どもを育てている時の「大人の行動の変化」　75
6　大人としての発達：次世代へのつながり―人生の目標　76
7　高齢者の育ち―「私らしい人生の自覚」を捉える　77
8　まとめ　78

第2部　生涯発達における「学び合い」を考えてきた道のり　81

はじめに　83

第1章　子どもの発達と家庭教育　85

1. 家庭教育の位置づけ　85
2. 子どもの発達課題と家庭教育　87
3. 家庭での学びと社会的文化的学習　94

第2章　言語系システムの生涯発達モデルの構造　99

内と外との統合化過程としての言語系システムの生涯発達モデル　100

第3章　社会生活における「学び」を捉える　107

1. 発達における「学び」を仲間との暮らし（社会生活）の中で捉える　109
2. 個性化過程の生涯発達モデルにおける学び　113
3. 継承的学びのあり方から見る個性化過程の個人差　121

第4章　幼児の自発的な文字読みを通してみた継承的学びの始まり　125

1. わが国の子どもたちの自発的な読みの学習過程を明らかにする意義　126
2. 研究：継承的学びの始まりとの関連で自発的な読みの開始を捉える　130
3. 文字の自発読みの個人差を通してみた継承的学びの始まり方　140

あとがき　145

用語と人名解説　147

引用文献　150

索引　154

著作関連目録　163

　　　　イラスト＆カバーデザイン　小川カエル

図1 内と外との統合化の過程としてのことばに関わる認識システムの発達的多様化

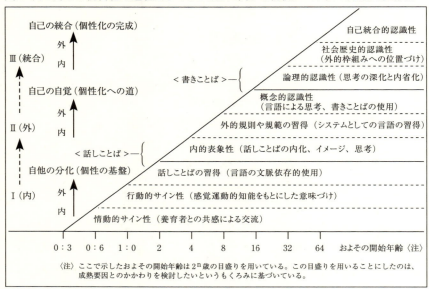

図2 人生における世界の変化の多層的発達モデル

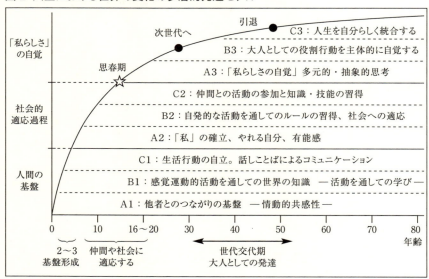

支え合い・学び合いで育つ「わたし」

人生を広げる生涯発達モデル

はじめに

　人間は、「ことば」でわかり合い、考えることで育っていく。

　誰もが生まれた時には「ことば」を使うことが出来ないのに、2歳にもなれば少しずつおしゃべりに参加できるようになる。共に暮らす仲間との関わりは、「ことば」と共に子どもの育ちをもたらす。

　生涯発達とは、人間の一生の間に起こる成長に伴う「ことば」による「可能性の拡大や多様化」を通して、大人としての自分らしさを見出す発達過程と考えられる。支え合い・学び合いで育つ「わたし」を基盤にして、人生を広げる生涯発達モデルを構築することが本書の目的である。

　生まれてから子ども時代を過ぎて青年期にいたるまでは、大人との関わりの中で育つことになるので、「ことばの育ち」はわかりやすい。一方で、大人になって育てる側に回ると、「社会」という構造への参加とつながり、「わたし」に関わる「ことば」は多様化し、捉えにくくなる。人間が生を受けてから閉じるまでの一生の変遷のあり方を考えるには、従来の「子どもから大人になるまでの発達」につなげて、大人になってからの「ことばによる育ち」を考えることが必要である。

　「ことばの育ち」への研究
　東京教育大学大学院時代からの数年は幼児期の物語理解などの研究をしていたが、1975年、山形大学教育学部の家庭科で「保育」を担当することになり、「ことばの研究」だけでなく、乳幼児を対象とする教育などいろいろな方面に関わることになった。そして、保育園での育ちなどを中心にした調査研究活動を保育者や学生たちと共に進めていった。これらを通じて、幼い子どもを育てると、「個としての自分」と「家族という仲間の一員としての自

分」が同時に自覚され、新しい人生の出発点になることがわかってきた。

　イリノイ大学のReading Centerに半年留学し、1989年の5月に国際読書学会（IRA）(International Reading Association)の世界大会にも参加した。人間としての可能性の拡大による「ことばの育ち」にはどのような筋道があるかを考え始めたのはこの頃である。そして生まれたのが、「内と外との統合化の過程としてのことばに関わる認識システムの発達的多様化」（6頁・図1参照）という構図である。

　1990年の4月からは、立命館大学の大学院博士過程で、「発達心理学」という枠組みの中で研究を進めることになった。発達心理学の講義では、「生涯発達心理学」という分野が立ち上がってきたことにも影響されながら、「発達」に伴う「ことば」の多様化や意味合いについて考えることを中心にしてきた。

　成熟した大人は、新しい命を守り育てることも含めて人生を広げていくことになるが、そこでの育ちが「わたし」をつくる土台になるのだと思う。
　子どもから大人への成長を体験してきた「わたし」にはいくつかの問いが生まれる。
　・「わたし」とはどのようにして育まれていくのだろうか？
　・仲間の一員として暮らすことで、「わたし」にはどのような変化が起きていくのだろうか。
　命を授かり、若い親たちに見守られて育つ子どもは、「未熟な状態」から「完成態」へ向けて成長していく。育てられる環境による違いはあっても、仲間と暮らす中で、話すこと、考えていることをわかり合いながら、共に生きる世界を広げていくのである。

　本書での提案は、それまでの「発達」の捉え方を明らかにし、大人になってからの変化も加えて、生涯にわたる「新しい発達モデル」を再構築することにある。

第1部

生涯発達における「支え合い」
―発達観の形成をもとに―

第 1 章

「世話される－世話する」関係と世代交代
―生涯発達モデル構築への視点―

　発達心理学が、心理学の分野における一研究領域から理念と方法論を持った独自の学問体系を目指して歩き出してから、まだほんの30年ほどしか経っていない。それまでは児童心理学とよばれ、「年齢による変化をみせる子どもたち」についての理解を目指す心理学の一領域であった。それが近年になって、生まれてから死に至るまでの「人間の一生」を見通した、人間行動の理解を目指す学問として展開されるようになってきた。「発達」の概念を「子どもから大人への変化」を語るものに限定することの不十分さが指摘され、それに応える理論化が目指されてきたためではあるが、その背景には、人生が長くなり、子育てを終えてからの「変化」も視野に入れる必要が生まれたことがある。

　「生涯発達」への視点は、大きな副産物を生んだ。無藤　隆（1995）が指摘するように、「研究者自身が自らの生き方に即して発達概念を変えることを迫られている」状況をつくり出したのである。無藤の指摘は、これまでは研究対象としての「子ども」の発達を「客観的」に捉え、悪いことばで言えば「ひとごと（他人事）」として研究することが出来ていたのに、自分の現在を包み込む形で「発達」を考え直さざるをえなくなった人々がいかに多いかを示唆している。

　「人はみな、卵から生まれ土に還っていく。その過程を見、捉えようとする研究者自身もまた、同じく〈卵から土へ〉のはざまにいるのです。」と述べ、「一人ひとりの人生を一つの物語として読み説く」という浜田寿美男（1993）の方法論は、従来の発達心理学の自然科学的アプローチに異議を唱えるものとして提案されている。

こうした発達心理学の展開を背景にし、筆者自身の「発達観」がどのようにして形成されてきたかを振り返ってみたい。さらに、それを土台にして、「生涯発達モデルの構築」へ向けて、「世話される─世話する」関係から世代交代について考えてみる。

1　人間理解の枠組みの明文化とその背景

　発達心理学が「人間の一生」を見通した人間理解のための心理学を目指すようになったことの契機として、人間を生物の一員として捉えるということがある。それならば、「発達観」の土台には、「人間をどんな生き物として理解するのか」という枠組みを明確にすることが必要である。人間は一人ひとりが自分の人生を送る（発達する）存在であるばかりでなく、少なくない人数の他者の人生（発達）にも深く関与する存在である。ゆえに、お互いをどんな存在として認め合うか、基本としての人間観を互いに表明せずして、血の通った議論は生まれにくい。ところが、どんな発達心理学の教科書をひもといても、「人間をこんな存在として考えている」と明記されているものはない。あまりにも当たり前の前提として見過ごされてきたのかもしれない。

　筆者が人間理解のための枠組みについての考えを初めて発表したのは、1982年に仙台市で開かれた「第3回東北の自治体に働く保健婦のつどい」においての「発達保障分科会」での講演の時である。当時は、1979年に養護学校の就学義務化が決定され、保健師の仕事の中で、「障害の早期発見と療育援助」が大きな課題になっていた。この講演の依頼は、「障害児の療育」ばかりでなく、「発達心理学」についての専門性の確立途上にあった筆者にとってかなりの重責であった。そのことが、「発達」に関わる自分自身の考えをしっかり見据えておかないと聞き手に伝わる話は出来ないと思わせ、自分なりの「発達観・人間観」を明文化してみようという覚悟を決めさせたのである。
　この時、筆者は山形大学の教育学部家庭科の保育担当の教員として、7年目を迎えていた。幼児教育の現場での発達についての概念と、家庭科で求め

られる「育児」的な発想とをいかに統合していくかという問題に、やっと目処がついてきた頃であった。この発達保障の講演というかなり微妙な文脈状況が、授業を組み立てる時に使えるようになっていた「有能だけれど無力で生まれる赤ちゃん」、「大人の世話を要請している」、「大人がする世話の際に起こる相互作用が、子どもに学習の機会を提供している」といった考え方を、人間の発達を支える人間理解の枠組みとしてまとめ、自分自身の土台として明文化することに導いたと言ってよい。

その後いくらかの修正を加えながら、「人間理解の原点」として考えてきたのが、次の4点である。

（1）人間は、地球に棲む生きものの一員である

「人間は生物である」という認識を、生命生存のためのしたたかな仕組みを持っていることと、環境の変化に翻弄される弱さ、はかなさを併せ持つことを共感していくことに置く。

生物としての人間の特徴として、次に述べる3点が特に重要である。

（2）人間は仲間とともに生きる存在である

人間をどんな生物として規定するのか。第一は「未熟な状態で生まれ、仲間（大人）の世話を受けながら成長する期間が長いこと」と「家族、集落、社会といった集団での生活を営む」ことを主たる内容とする「仲間なしでは生きられない」ことである。このことは、「人の育ちには人間的環境が重要である」という文脈として暗黙のうちに了解されてきてはいた。

しかし、人間が「個人としての身体を持ちながら、一人では生きていけない」という重要な視点は、単に人間の育ちの環境としての「仲間」を考えるだけにはとどまらない。

人間が、「個体性－共同性」、「個－類」を併せ持つ両義的存在であることをきちんと見据えることが重要である（浜田、1993）。鯨岡 峻（1999）の『関係発達論の構築』では、「育つ－育てる」場での発達の基本テーゼとして、他

者と気持ちをつなぎ合わせようとする「繋合希求性」と、自分の思い通りに事を運ぼうとする「自己充実欲求」とを、人間存在が抱える根元的両義性として論じている。

　仲間と共に生きている生物は人間ばかりではない。けれども、「個としての自分と仲間の一員としての自分の両面を、同時に生きることを自覚し認識しながら生きる」ための適応のプログラムを必要としているのは人間だけであろう。

　著者が研究を始めた頃の、この項目の意味合いは、「人間の育ちの相棒として同じ人間仲間であるという認識を持つ」といった程度の単純なものであった。しかし、1983年の正月から朝日新聞に連載された「家族」のシリーズの第1部に〈「私」の中の「私たち」〉という表題があげられていたことをきっかけに、人間の一生を見通した発達観を考える時には「私の中の私たち」という認識のあり方が重要であると考えるようになった。鯨岡はこの両義性を自己矛盾性と捉えているが、個人のレベルでは克服できないものでも「私たち」への広がりを視野に入れていくことによって、わかり合いへの道が開けるのではないかと思っている。

（3）人間は自らの世界を拡大するために自発的な学びをする

　「発達」の中に潜んでいる、子ども自身の学ぶ力への信頼は大きい。どの生き物にも発達的な変化はある。「人間がめざましく変化するのは、生まれながらのプログラムに沿って変化するだけでなく、周囲のものとの生活を通して学ぶことが出来るためです」と明言したこともある。

　人間の学びには、自ら努力する意図的な学びの他に仲間と共に生活する中で知らず知らずのうちに身についていくという学びもある。後者を自発的な学びに分類するには無理があるとしても、「学び」を勉強や学習のイメージを越えたものとして捉えるためには重要な視点になる。

　学びにはどんな形態のものがあるかを、学びが展開される周囲の仲間との関わりのあり様を考慮しながら考えていこうとする著者の発想は、ここから始まっている。

（4）人間は、文化と歴史の中に生き、それを継承・発展させる

　当初、「人間は文化と歴史の中で生きる」と言っていたのだが、人間が他の生物と決定的に違うのは、「人類の登場以来の知識が集積された文化と歴史」の中で生活することで発展させていることの重要性を示したかったからである。

　子どもは過去を背負っているばかりではなく、未来を創造する存在であることにも目を向けた。

　文化と歴史を取り上げたのは、人間の特徴としての「ことばを使う」こと、さらには書きことばとして記録に残された知識の役割に大きな関心があったためである。アメリカの教科書などを見ても、80年代初頭の発達心理学では発達の文化特殊性についての議論は始まったばかりであった。

　この項目も、文化と歴史が個人に対置するものとばかり考えずに、自ら参加し作り替えていく可変性のあるものとして子どもたちに認識させることが重要だとしたブルーナー（1986）にも影響されている。

　こうして改めて4つの視点について説明を加えてみると、筆者の人間理解の視点には、浜田が発達を見る目として提案している「客観性重視－相互主体性重視」という枠組みでいうと、「相互理解のために共有する人間の知識重視」といった色合いが濃いことがわかる。同様に、発達の置かれている位置を「能力重視－生活重視」の二相からみる視点からいうと、個人の能力の発達というより生活に重点を置く立場をとってはいるが、「ことばと知識をどのように操れるか」を取り上げ、生活世界の拡大に違いが出ることを重視しているので、折衷的に見られることになるのかもしれない。

2　生涯発達のモデル構築への準備

　生涯発達ということばは、幼児期、青年期、老人期に研究対象を持つ研究者の寄り合い所帯で、どんなテーマが可能かという問題解決の結果生まれたものであって、3つの時期に共通する概念を持つことすら出来ていなかった。しか

し、その時点で構想が出来つつあった「ことばに関わる認識システムの発達的多様化」のモデルを軸に、「生涯発達のモデル」を構築する準備を始めたのである。以下に、そこでの主要な概念であった「その人らしさ」について述べる。

　生涯発達のモデルを構築するにあたって、どのようなモデルを目指すかの表明は不可欠である。前節でも述べたように、筆者の人間観はお互いの認め合いを支える知識としての意味合いが大きい。「個性化の過程として発達を捉える」ことには、浜田の言うような、「人の一生を物語として理解する」視点からのアプローチも可能であるが、ここでは、私もその回りの私たちもが認める「その人らしさ」が、年齢や時期による生活の広がりの中で変化することと考えている。いろいろな生き方を選択する人々が寄り添って暮らしているのだから、標準を考えるのは難しい。けれども、世界を広げる手段としての「ことばに関わる認識のシステムの高度化」の程度と、それに見合った「学びへの積極性」とが実現していることを「その人らしく生きている」と判断したい。
　「みんなちがって、みんないい」という金子みすゞ[1]の詩になぞらえれば、違いは個人間だけにあるのではなくて、個人内にもあると気づくこと、生きているということ自体がそれだけですばらしいと励まし合うことが基本になる。人の人生を読み解くための発達モデルではなく、「その人らしさ」を認め合うための人間理解の発達モデルを目指すとすれば、「個性」を越えた概念をどのように作り上げるかが大きな課題になる。

（１）ことばに関わる認識システムの多様化
　私たちは身の回りからのたくさんの情報を処理するシステムを持ち、それを意味あるものとして利用することを学んでいる。体内からの情報、知覚過程を通しての外界からの情報、記憶過程で処理された知識とも表象とも呼ばれる情報などである。その中で、ことばを介しての情報の処理は、人間としての認識システムの形成に大きく関わっていると同時に、人生における学びの過程で習得されていくものである。

第 1 章「世話される‐世話する」関係と世代交代

　筆者が1993年に提案した「内と外との統合化の過程としてのことばに関わる認識システムの発達的多様化」（6頁参照）のモデルは、岡本夏木（1982）の人間のシンボルの獲得過程の議論に触発されて構想されたものである。その概要を記しておく。

　岡本は、シンボルとしてのことばを獲得するには、人と人との（子どもと養育者との）間で交わされる音声が、情動的交流を土台とした記号性を持つことから始まり、双方が共に同一の対象世界に関わる行動を媒介にしながらの記号性へと広がり、それが静観対象に対しても用いることが出来る認識性へと重層化することを示した。さらに岡本（1985）は、こうした人間同士の相互作用を土台に持つことばの性質を「一次的ことば」と呼び、これとは別個に、認識レベルのことばが創り出す「二次的ことば」の世界があること、そしてそれは、「一次的ことば」の獲得とは異質な学びを通して獲得されるという考えを提出した。

　一方、筆者は「ことばと認識に関わる認識のシステムの重層性」という考えを下敷きにして、ピアジェ[2]の認知発達理論やそれを成人期まで拡張したパスカル・レオーネ（1983）の見解を参考にしながら、それを生涯にわたって利用し続ける多層的なものと考えている。そして、このシステムの高度化の過程を、内に向けての（内からの）情報の処理と、外の情報への積極的学びとその統合という弁証法的発展[3]として捉えてみた。

　話しことばの獲得までを、近しい人との関係の中で交流が生じる第Ⅰ期、言語的思考の成立までを、社会に共通することばの習得が起こる第Ⅱ期とし、その統合として個性化の完成を第Ⅲ期と位置づけ、それぞれの区分内にも内と外の統合のプロセスを考察した。

　第Ⅰ期の話しことばの獲得までは、岡本の言う情動的サイン性の共有を土台として、外の世界を意味づける行動的サイン性へと広がっていく過程を経ている。

　第Ⅱ期は、話しことばの持つ象徴的機能が外的な対象を持たない「つもり」や「ふり」を促し、自分自身の思いを「自分に向けたことば」にすることから始まり、概念的知識の成立へと向かう。

そして、この時期が全体として「友だち」と共有する世界をつくる環境にあることが、「自分だけの思い」を分かち合い、共感してくれる相手と「ごっこ遊び」をすることを可能にしていく。
　一方で、外の世界における行動の拡張は、世界を知るためのルールや規則性への関心を高め、結果として文化的知識を担っている言語的概念的知識を獲得していくことにつながる。
　第Ⅲ期は、言語的知識の運用面である、論理的思考の深化と内面化を出発点とし、外の社会を動かしていくための社会歴史的認識を育てながら、個性化（自己統合）の完成にいたる。

　「その人らしさ」を理解するための生涯発達モデルの骨格構造として、この「ことばと認識の発達モデル」を位置づけるためには、個人の生活の中でどのようなレベルのシステムが利用されているかについての議論が必要になる。村井潤一（1993）が示すように、各レベルのシステムはいつも誰もが用いているわけではなく、習慣化され過ぎて意図的な使用を阻んだり、形骸化されていたりすることも考慮すべきであろう。すなわち、このモデルはシステムの高度化を説明するためのものであり、重層構造として表記してあるように、個人がどのレベルまで到達しているかを考えるとか、個人がどんなシステムを用いて考えたり行動したりするのかということとは別の問題として考えている。

（2）学びの多様化と自分らしさの自覚

　話しことばの習得過程は発達心理学の大きなテーマであるが、近年の研究では、養育者との視線や音声などの行動同期性が喃語の発声を促進したり、語彙の獲得の背景にもなっていることが明らかにされている。この時期の学びは、子どもにとってあまり自覚的ではなく、共にいる人との共同行動の結果として多くのことが吸収されていく。これを養育者との相互作用が自－他という関係が意識されずになされているという意味で、「共生的学び」と名付けた。仲間との活動の同期によって知らず知らずのうちに生じる学びは、青年期にな

っても仲間内の話しぶりなどに顕著に見られる。個（私）と相手との関係が明瞭な境界をもたず、一体感を持って共に行動する中での学びと言ってよい。

歩けるようになり、ことばも出てくる2歳を過ぎる頃からは、行動範囲が広がることに起因して養育者からのしつけが始まる。この時期からは共生的学びだけでなく、新しいタイプの学び——仲間（大人）の行動基準に従う「継承的学び」——が芽生える機会が提供される。

行動基準を示している相手が自分とは別個の存在であることが自覚され、その相手の要求に応えることが学ばれていくには、自分の要求が相手に受け入れられないという経験が必要になる。その状況を、自分の要求と相手の応答（相手からの要求）のズレとして認知できるようになることで、自分の世界が成立していく。

4歳頃になると、この自分らしさへの気づきを土台にして、自分が生活している世界についての知識を広げ、そのことによって「自分らしさ」を確認し始める。そして、ことばが日常のコミュニケーションの道具としての機能だけではなく、知識を伝える役割を担うようになる。

大人になると必要になる「自己統合的学び」の概念は、自分の世界の知識は「私たちのもの」であり、「私」もそれに参加可能だと捉えることで、「自分らしさの自覚」と学びの多様性とうまく関連させたものといえる。

自己統合的学びの特徴については、次のように考えられている。

「私の中の私たち」をきちんと自覚できることと、文化と歴史に蓄積された知識を継承するだけではなく、自分のものとして考えられることとは共通性があるはずだ。自分なりの知識の蓄積は、ことばのシステムを「社会的想像力のレベルでも論理的に使えることを可能にする」と考えれば、自己統合的認識性の土台になるという点で一致する。

さらに、こうした視点は「継承的学び」を、生き生きとした仲間関係の中で進める自発的で意欲的なものにし、子どもたちを「知識の世界は自在に参加できるもの」と考えられるようにするだけではなく、「私の中の私たち」という自覚に導く可能性を示唆している。

（3）個性化の完成（成人期）における3つの方向性

成人期にあたるこの時期に内包されているのは、次の3つの方向性だと言える。
1）認識が抽象的世界を扱えるようになること
2）次の世代を用意するための生物としての行動に適応していくこと
3）人生の終末への準備

第一の方向性は、人それぞれの生きる世界は異なっていても、現実とは異なる架空の世界を楽しんだり、思い出やあこがれといった非現実を生きるすべを身につけていくことも含む。人類の未来を切り開くような創造性を発揮する人もあれば、自分なりの幸せのために想像力を働かせる人もあっていい。

第二の方向性である世代交代への準備には、さらにいくつかの側面がある。一つは生物的（性的）成熟に伴う個人の身体的変化への適応と、対人行動（異性との交際、結婚）の変化への適応に関わるもの、二つ目は新しく自立した大人としての次世代の養育に関わるものである。この第二の側面について、親世代と子世代の学びの特徴に焦点を当てた議論は、不十分なまま残されている。

第三の方向性は、特に最近になってから強調されるようになってきた。生涯発達を扱った理論や論文の分析の視点にも、人生の目標やテーマが取り上げられ、それの呼び名（ラベル）や、達成への他者への関わりの質がリスト化されている。その中で終末に言及した概念としては、具体的内容は知恵や幸福といったものにとどまっている。

人生の時期をどのように過ごすかは個性の完成の姿である。自分の人生を語れる相手があれば、歴史の一こまであったことを自分の経験を通して伝えることが出来る。これは自己統合的歴史認識とも言えよう。

子どもの養育行動が親世代に与える影響については多くの研究がなされているが、鯨岡（1999）は、一歩踏み込んで、親と子との「育てる－育てられる」関係の問題として捉え、この関係が次の世代との関係にも深くつながりを持つと考えている。世代交代のメカニズムに焦点を当てるとすれば、子ど

もが「育てられている」間に、「育てる」ための何かを受け継いでいなければならないことになる。本論では、「育てる」行動の中核をなす、「世話する－弱い者に力を貸す」という行動が、人生の中でどのような機能を持つかという視点から世代交代を考えてみたい。

3　人生における「世話される－世話する」ことの意味と機能

　世代交代とは、自分の生を受け継ぐ新しい命を育て、その命が次の世代を担えるまでに成長して、彼ら自身の生を受け継ぐ命を育てられるようになったあと、役目を終えた人生になることを言う。しかし、こうした視点は大人の側からのものである。子どもの立場からすれば、すべての生活行動を大人に依存していた状態から、少しずつ自立し、自分の世代の生活を独立して営めるようになり、次の世代の養育に携わるようになることである。

　人間発達を考える中に「世代交代」の概念を組み込むという発想は、人間個人に焦点を当ててきた従来の心理学からは出てきにくいものである。一方、個人を取り巻く人々との関係の中での発達を視野に入れる時には、「育つ－育てる」関係が主要なものとして取り上げられる。しかし、この枠組みは、「関係の中での発達」の場として焦点が当てられたものであって、世代交代について考えようとするものではない。育てられてきたものがどのようにして育てる側へと「発達」していくかを世代交代のメカニズムとして明らかにすることは、生涯発達モデルを構築する上で必須の課題であると言えよう。育てられている間の仲間との生活の中や、自立を促す文化的装置の中に、育てる側になることを支えているものがあるはずである。

（1）「育つ－育てる」と「世話される－世話する」の関係

　人間の発達過程においては、自分の人生を受け継ぐ者として、無力で生まれる赤ちゃんを一人前に「育てる」ことが最重要課題である。ところが、社会が複雑になり、それを維持発展させるための努力に多くの人の力が割かれるようになるにつれて、「育てる」役割は母親のものような錯覚が生まれ

た。一方、「育てる」の対としては「育てられる」ではなく「育つ」を考えることが多い。育ててくれる相手を考える視点ではなく、大人の側から相手の変化を捉える、「よりよく」という方向性に視点がおかれている。

文化人類学者の原ひろ子（1991）は、「育てる」ことが母性につながるものと考えるのは文化的な知識を背景にしたものであるという。そして、生物である人類にとって重要な課題である、次世代を「育てる」ことは「両性による参加」によることが望ましいとし、そのための「次世代育成力」の形成を論じている。男も女も成人に達するまでの社会生活の中で、共に考え、尊重し合いながら、次の世代にものごとを引き継いでいく「次世代育成力」をつけていくというのである。そしてそれは、「家族を超えての人々の絆」の中や「先輩から後輩に」とか、「組織やボランティア活動を通して」も獲得されるという。

このように、「育てる」ことが母親性に帰属するという考えはなくなってきてはいるが、「育つ－育てる」関係は、「大人が子どもをよりよいものにしようとする」場であることに変わりはない。そして、それは「親の心、子知らず」、「子を持って知る親の恩」という諺があるように、育てられる側は育てる側を理解することが難しいという、非相互的特徴を備えたものである。それでもその人なりの子育てが繰り返されることを受けて、世代交代を論じようとすると、無意識の「育てられ経験」を持ち出すことになるのである。

「育てられ経験の記憶」が、幼い子どもたちとの関わりの土台になっていると考えるのとは別に、大人になるまでの間に「育てる」ための力、「次世代育成力」がついてくると考えてみることが必要であろう。

それでは、「次世代育成力」とはどのようなものを含んでいるのであろうか。次世代を「育てる」という視点から捉えると、育成する相手との関係がどうしても一方向的なものと捉えられがちである。しかし、実際に原が例示しているような「家族を越えての人々との絆」の中で経験されるのは、相手の役に立てる、力になる、といった「世話をする」行動が中心的なものであろう。相手に力を貸せるのは、相手がそれを望む時、必要とする時でなければならない。そうでないと、「大きなお世話」になってしまう。相手との十分な相互作用と「世話を受ける」相手の立場の理解が不可欠なのである。

「育てる」行為には、「育つ」相手との十分な相互作用が含まれなければならない。しかし、「大人が子どもを」という枠組みから出ないことには、相手の立場にもなれるという相互的な経験を考えにくくする。「世話をする－世話を受ける」という相互的な経験は、人との交わりのどんな場合にも起こる。この経験を通して「次世代育成力」が形成されると言えよう。

（２）子どもから大人へ──「世話されるものから世話するものへ」の道のりを知る

　「次世代育成力」の考えに先立って、筆者が、育てる側への移行を支えているものは何かについて考えるきっかけを作ったのが、中学校家庭科の保育領域の指導内容の検討の機会であった。

　「家庭科」という教科は、家庭生活を営むための知識と技術の習得を扱うために設けられている。中学校の指導内容の中に、「保育」という領域があることはあまり知られていない。戦前の「家事・裁縫」の時代でも、学校を出て家庭生活を営む時に必要不可欠のものとして、「育児」の知識が取り上げられていた。戦後は「保育」と名称を変えてはみたものの、中学生に何を教えるべきなのかの模索が続いていた。この状況認識は原たちの「母性から次世代育成力へ」に共通するものである。生活を取り巻く文化的状況が変化してきていることに適合した教育内容が、家庭科の全領域に求められていた。高木和子・木村みわ子（1984）の提案は、子ども時代を卒業し、大人への入り口に立ちかけている中学生への指導内容を改革する手だてとして、家庭科自体があまりにも当然のこととして受けとめられてきていた「生徒の将来の生活への見通し」を「人の一生を学ぶ」ことで、きちんと考えさせることを目指したものである。

　中学生は親に依存しながらも、親からの監督が鬱陶しくなってきている。その現状を「人の一生にとってどんな時期なのか」という視点から理解させ、大人になるとはどんなことなのかを実感し、将来に向けての展望をもたせることが目指されている。具体的には、「人間を愛し、大人への自立の時を自覚し、心豊かで優しい大人になれる見通しを持てる」ことを目標に、次のような内容から始めるのである。

1　自分の人生（子どもから大人へ）
　①これまでの人生を振り返る
　　　発達してきた自分であることの自覚、依存からの脱却、育ててくれた人々
　②これからの人生の見通し
　　　依存から自立へ―自己像、世話される者から世話する者へ
　　　大人の男、大人の女、他者との関係の中で創る社会―愛を受ける者から愛を授ける者へ
2　他者の役に立つ行動
　①世話を必要としている人々
　②他者の理解
　③世話する側の責任
3　養護を必要としている人々を知る
　　　(以下略)

　この指導内容では、子どもの自立を「大人になること」という大枠で捉えるのではなく、他者から世話を受けて成長してきたことを知り、少しずつでも他者の世話が出来るようになってきていることに目を向けさせながら、大人として次の世代を育てる世話が出来るようになるという、具体的な行動の見通しを伴ったものとして提示している。自分よりも力の弱い者に手を貸す行為は幼児期から見られる。誰もが自分の回りにいる他者へ力を貸すこと（世話）が出来るし、そのことに喜びを感じる。このことを原点として、世話が出来るようになってきている自分を確認することを通して「成長」を実感させるのである。自立とは、自分で自分の生活を切り開いていけるようになるだけではなく、身の回りの他者が必要としている世話がいつでも出来ることを含んでいなければならない。
　この一見単純な事柄は、従来「社会の役に立てる」とか、「道徳性」の問題に組み込まれ、文化的価値を伴うものと考えられていて、自立や世代交代の文脈で捉えられてはこなかった。しかし、このように「育つ‐育てる」関係に内在

する「世話を受ける－世話をする」行動を取り出すことで、世代交代は自立の過程で徐々に準備されるものとして概念化可能になったと言えよう。

(3)「世話される」「世話する」経験とそこでの学び
　近頃は「お世話になりました」、「お世話様でした」という挨拶を聞くことが少なくなったような気がする。「世話する＝力を添えて面倒をみる、力を貸す」という行為は、世話される側の信頼感がないと成り立たない。「お互い様だから」と気楽に世話をかけ合い、感謝し合う関係が薄れているのかもしれない。老人が、若い者には「世話になりたくない、面倒をかけたくない」というには、「苦労を背負わせたくない」という思いやりだけではなく、世話するものとの信頼関係の薄さも手伝っていよう。
　しかし、一歩幼い子どもたちの生活の場に入ってみると、たくさんの「世話を焼く」行動が見られる。自分自身が親から世話を受けているので、自分が世話をすることが出来る相手がいること、世話できることがうれしいのである。そして、この「世話焼き」は、時によって相手から迷惑がられるという経験も伴う。相手と自分とが同じ見通しを持っているかどうかを見極めることは容易ではない。他者からの援助は、時によっては単なる介入にすぎないことを、時と場合による周辺情報の手がかりや自分自身の経験と照らし合わせながら学ぶのである。それを動かしているのは、「世話を焼ける自分」への誇らしさと、「世話を受けて（援助してもらって）」達成できた経験のうれしさであろう。

　子どもたち同士の遊び仲間では、世話をする側とされる側が一定していないことに特徴がある。グラノットとガードナー（1995）の相互的共同（collaboration）の分類表（次頁・表1を参照）での、参加者の知識の差が小さい場合の、不釣り合いな共同（asymmetric collaboration）にあたり、先輩が後輩の意見も取り入れながら、時と場合によって力を貸し合うことで共同の学びが成り立つ。どんな時の援助が受け入れられやすいのか、どんなことが援助要請のサインなのかが学ばれる。同時に、それを成立させているのが仲間と

表1　共同の程度と参加者の知識の差による相互作用の質の違い
（Granott & Gardner, 1994）

	共同　低度	共同　中度	共同　高度
知識の差　大 （大人と子ども）	模倣 （Imitation） 有能な相手のまねをする 指導はなく観察による	先導／見習い (Guidance/Apprenticeship) 共同の目的をもち、一部援助を受ける 主導を交替することがある	支援（指導） （Scaffolding） 共有の補完的目標がある 相手を理解したていねいな指導
知識の差　中 （先輩と後輩）	短期の模倣 （Swift imitation） 先輩をちょっとまねる 一緒には行動しない	引きずられての参加 (Asymmetric counterpoint) 先輩と一緒に行動する 時によって立場が入れ替わる	先輩との共同 (Asymmetric collaboration) 目標を共有して共に行動する 後輩の意見も取り入れる
知識の差　小 （同輩同士）	平行活動 （Parallel activity） 平行遊び 同じ場で関わりなく活動する	同等の相手 (Symmetric counterpoint) 連合遊び 場合により上手な方がリードする	相互的共同 (Mutual collaboration) 協同遊び 対等な関係で相談しながら遊ぶ

　自分とのよい関係であることにも気づいていく。年長児にもなると、「自分でやりたい」という仲間の意志を尊重することも出来るようになる。また、仲間同士の相互作用ではなかなか「世話焼き」の立場がとれない子どもでも、年少の子の世話をすることで、自分を満足させている子もある。このような子ども同士の相互作用の経験が「世話をする」「世話をされる」関係での、相手や自分の気持ちの動きについての多くのことを学ばせる。

　一方、大人の社会の一員として認めてもらいたい欲求は、「大人に力を貸せる」ことでの満足を求めている。大人の仕事を手伝うことは、自発的なものであることは少ないので、「強制されてする」ことからくる不満はある。しかし、それが「自分の大切な仲間（私たち）」に力を貸していることがわかれば満足につながる。他者に力を貸せるようになることが自立の大きな鍵であることを十分に伝えることが大切だと考えている。そして、このことを大人の側がどのような受け取り方をするのか、つまり次の世代から「世話を受ける」ことへの気持ちのあり様を考えることの大切さにも気づかされる。

（4）世代を越えての世話のやりとりの場

　子どもに肩をたたいてもらったり、腰に乗ってもらったりした経験のある人は、素直に「ありがとう」が言えることに気づいているだろう。小さな力でも役に立つことがある。幼い子からの助力にも素直に感謝することが、家族という（私たち）の世界のあり方に、親と子という関係の中にも仲間との関係と同じような行き来可能なものがあることを見出していく契機になる。これは大人にとっても同様のはずである。子どもから世話を受ける時のなんとなく照れくさいようなうれしさを分かち合っていくことが、新しい（私たち）のあり様を作り出す。子どもを育て上げることは、親の手を離れて自立できるようにすることである。しかし、共に過ごす（私たち）の仲間である以上、年をとっていく自分が世話を受けることが多くなる時の出発点でもある。

　発達心理学が生涯発達心理学を目指すようになり、子育てを終えた中高年の問題を扱うようになったが、まだまだ個人としての変化の視点にとどまっているものが多い。老人に対しても自立を求め、「いたわりの要求や甘えを捨て、孤独に耐え、自分のことは自分で決定して行う」ことが要求されていたりもする（下仲順子、1995）。老人は世話を要求してしかるべきだとは言わない。けれども、人間は死ぬ時までも仲間と共に生きる存在であり続けるのだから、世話をし、世話を受け続ければよいのである。子どもの世話にはなりたくないという自立した老人であっても、自分の最後の後始末をすることは出来ないのである。「私の中の私たち」として存在している仲間と、それぞれの人生の幾分かを共有し、「持ちつ持たれつ」の世話のやりとりが出来ることが望ましい。世話を受ける形はそれぞれであっても、「世話される」ことを喜べるようになってほしいのである。

　本章では、「育つ－育てる」という関係の捉え方ではなく、「世話される－世話する」関係のあり方へと視点を変えることで、「私の中の私たち」への認識が世代交代を紡ぎ出すことを考えてきた。そして、世話をされることに頼っている幼い時代から、世話をすることへの喜びが芽生えていることに着

目し、友達同士での「世話をする」行動が、親世代からどのように受け取られていくかが、世代交代の過程で重要になることを示唆してきた。児童期、青年期における「親を世話する行動とその受け入れ」についての検討や、高齢者の「世話される行動における個人差」の研究などから、共に暮らす中で上手に「世話をする」、「世話を受ける」ことが伝えられていくメカニズムを捉え、生涯発達モデルにおける重要な概念として位置づけていきたい。

第2章

大人の発達を記述する
――「生涯発達心理学」が必要とする新しい「発達」の概念――

　「生涯発達心理学（life-span developmental psychology）」とはどんな学問なのだろうか。素朴に考えれば、人間の生涯にわたる発達的変化についてのテーマを、心理学という学問体系に位置づけながら明らかにしていくものだと言えるだろう。人間の発達的変化にどんな関心を持っているかによってテーマの立て方が変わってくるものでもある。

　一番目立ちやすいのが、生まれてからの成長過程で子どもたちが見せる変化である。月齢や年齢による大まかな変化の里程標だけではなく、子育て（しつけ）の原則や個人差についての考えまで多くの関心に応える形で発展したこの分野は、児童心理学（child psychology）と呼ばれ、心理学の応用分野の一つと位置づけられていた。

　一方、高齢化社会の到来と共に、老年期における加齢による変化についての関心も高まってきた。老年期の変化には個人差が大きいだけでなく、一人ひとりの自覚の仕方を考慮に入れて対応することなどの知識が必要とされてきている。こうした広がりは年齢による一般化は可能でも、それを個人に当てはめることに配慮がいることや、変化の主体を抜きにした「発達」は意味を持たないことに気づかせることになった。

　発達心理学という呼び方は、発生的心理学（genetic psychology）[1]という一派が標榜していた人間の生物学的発生のメカニズムを基盤にした「発達」の捉え方が、心理学全体の中で広く受け入れられて用いられるようになったことに始まる。そして、「発達心理学」への方向転換は、この領域を心理学の応用分野にとどめるのではなく、「生物として生まれる人間が、人に育てら

れ、人と共に暮らすことで変化していくことのメカニズムを明らかにする」ことを目指すことを意味するようになったのである。

　生涯発達心理学の成立には、発達心理学が担ってきた「発達」の概念を生涯にわたる枠組みへと拡大することが含まれなくてはならない。矢野嘉夫・落合正行（1991）は、生涯発達への拡大に伴って、子どもの発達への見方も変化し、進歩、向上よりも人生行路の一部とみなすことや、個人的な経験による個人特異的な発達という視点も必要となることを述べている。しかし、これまでの議論は老年期の加齢を扱うことを含めることに重点がおかれただけで、中間段階にある青年期、成人期についての再考は不十分であった。

　ここでは、「大人の発達」という概念を成立させることを念頭に置きながら、生涯発達の枠組みの中での新しい「発達」概念を構築することを目指してみたい。その手がかりとして「発達心理学」が内包している「人間観」の整理から始めることにしたい。

1　生涯発達の捉え方と人間理解の枠組み

(1) 21世紀に入ってからの視点

　発達心理学の教科書をひもといてみても、「発達」をどのように捉えるかを明白に論じたものは少ない。「発達」そのものは年齢による行動の変化と大まかに定義され、変化の要因としての遺伝と環境の議論や個人の発達における連続性・非連続性などが紹介されるにとどまっていた。

　その中で、ニューマン夫妻による生涯発達に関する教科書「一生にわたる発達（Development through life - A psychological approach）」（2003）には、彼らの考える「生涯発達」についての前提が以下のように明示されている。

1）成長は、受精からかなりの老齢にいたるまで、人生のどの時期にも起こる。それぞれの時期には、新しい能力が出現し、新しい役割がとられ、新しい挑戦に直面する。その結果、自己や社会に向けた新しい位置づけが生まれる。

2）人の人生は、時間経過の中で、一貫性を示す時もあれば変化する時もある。

3）われわれは人間を統合的に機能している全体として理解しなければならない。身体的、社会・情緒的、認知的能力の大まかな発達とその相互関係について学び、統合的に捉えなければならない。
4）人間の行動は、適切な状況や個人的な関係という文脈から分析されるべきである。
人間は（非常に）環境に適応的に振舞うので、行動や変化の意味はその時の物理的、社会的環境の意味に照らして考えなければならない。
5）人間は自らの活動を通して自分の発達に貢献している。人間が主体的に行動できる環境が、人間の発達を保証する。

　これらの項目は、教科書の中の記述を一貫性のあるものにするための表明であるが、著者らの「人間観」、「発達観」から出たものである。老齢期に起こる行動の変化も新しい意味を持って迎えること、連続と非連続の意味、その時の生活の文脈の中に適応的に暮らすことに重点がおかれ、発達は自発的な活動を通して起こること、人間を全体として捉えることが明示されている。

（2）子育てをする大人に必要な「人間理解の枠組み」という視点の導入
　これまでの発達心理学では、人間の発達についての科学的知識を得ることが目指され、成果としての「発達についての知識」は、子どもを育てるという大人の営みを支える育児学、児童学、保育学などの実践領域で大きな影響力を持つことになった。それらの領域では、「子どもは何歳になればどんなことが出来るのか」という知識だけでなく、「子どもにとって養育者（大人）はどんな存在であるのか」、「子どもの発達を支える大人が、相手（子ども）をどのような存在として受け入れているのか」という、大人の側にある暗黙の知識についても知りたいという欲求が生じた。
　家政学の一翼を担ってきた児童学という領域での講義を担当してきた筆者は、この2つの問いに対して「人間理解の枠組み」を考えてきた。前者の「子どもにとって養育者（大人）はどんな存在であるのか」という問いについては、「命を守る」、「共に暮らす」、「行動のモデル」などと説明してきた

（高木、1985）。後者の「子どもの発達を支える大人が、相手（子ども）をどのような存在として受け入れているか」については、発達の躓きを持つ可能性のある子どもの育ちを保障するために、援助者が自覚していなくてはならない「人間とはどんな存在か」についての理解の枠組みとして提案した（1982）のだが、単なる「成長モデル」を超えたものになっている。

幼い子どもたちをどんな存在として受け入れるかは、子どもの仲間としての大人の行動に影響する。私たちは特に自覚しなくとも、発達していくことを「大きくなること・大人になっていくこと」だと考えている。その「発達」を支える人間の特性を、平易なことばで理解し合うことが養育行動にとって大切だと考えたのである。そこには、人間同士を仲間として認め合い、共に行動することで育ち合うものとみる見方があった。

その後、この枠組みを「生涯発達」における「発達」概念への広がりを持つものとして展開させ、発達心理学の講義の中で表明してきた。

その柱になるのは、次の4点である。
（1）人間は、地球という惑星に生きる生物の一員である。命を生きる存在である。
（2）人間は、仲間と共に生きる存在である。
（3）人間は、生まれてからの（後生的な）学びを自発的・積極的に行う。
（4）人間は長い進化の中で、学びの成果の蓄積として共に暮らす仲間（社会）の間で「文化」を成立させ、その継承と発展を担いながら生きる。

この4つの柱は、（1）を生物学的視点、（4）を文化社会的視点と捉え、中間の（2）・（3）を人間行動（心理学的）の視点という意味合いで捉えれば、ニューマン夫妻が示した、生物学的システム、心理学的システム、社会的システムという視点と重なる。

ここでは、「人間理解の枠組み」を、「人間行動を統合的に捉えるための枠組み」から一歩踏み込んで、「人間同士の相互行動を豊かにしていくために、私たち自身が自分および他者を理解する枠組み」と考えている。

こうした視点はこれまでの発達心理学の中では取り上げられてこなかったものである。認知とその発達を個人に閉じたものではなく、社会的な相互作

用によるものとして説明しようとするロゴフ（1990）の提案でも、子どもと大人の間にある間主観性[2]の機能については論じられても、そこでの行動に影響する「人間理解の枠組みとして持ち合う知識」には言及されていない。

　ここで提案する枠組みは、「発達」を個人に閉じたものではなく、社会的相互作用を通しての育ち合いを基盤とするものである。そして、大人と子どもが育ち合う中で、個人の人生を越えた時間の広がりに拡大していく可能性を持つものである。

　これまでに提案されてきた「人間理解の枠組み」の4つの柱について、子育ての場にいる大人へのメッセージの内容を解説する。そして、それぞれの視点が持つ「人間発達」についての考えを導き出し、その中から「生涯発達」にふさわしい「発達」概念についての議論の足がかりを見出していきたい。

1）人間は、地球の生物の一員として、「命を生きる」存在である
　これは、人間が自分を含めたお互いを「命」の座として自覚することを、基本的な共通理解としていくものである。生まれたばかりの赤ちゃんを見ると、「なんと、か弱い存在なのか」と実感し、命を守り育てる使命感が持てる。それなのに、タフで強靭な肉体を持つ青年も「命のはかなさ」と隣り合わせでいることには気づきにくい。元気の出ない時は誰にでもある。弱い時を支え合っていかなくてはならない。

　いずれは死すべきもの（mortal）として生命の原理に従わざるをえない人間は、成長をリードしてくれるシステムを持ち合わせている。お互いの「生きるエネルギー」の持つ可能性を実感し、尊重する必要がある。相互理解の基盤として、「自分もか弱い生命体であると同時に、相手も同じ生命を持って生きていること」と「命のエネルギーの力強さや可能性の大きさ」を感じ合えることを重視したい。

　私たちは両親を持ち、二人の持つ遺伝的な係累の中に生を受け、誕生からの成長過程を生きる。同世代の仲間との生殖行動を経験して次世代の準備の期間を辿るという大きな生命のプログラムの中で人生を送り、その多くの時

間を「家族」という仲間と共に生活している。皮肉屋の科学者から見ると、個人は「利己的な遺伝子」の運搬人にすぎないとも言えるが、決して一人で存在してはいない。

そして、通常は引退という時期の後に起こる死との対峙は、「人生の最後への準備」という生命の循環からの撤退にどう取り組むかを考えさせるものである。多くの人はこの時期になって初めて「自分の人生」に向き合うことになるのだろう。「生・病・老・死」は生命のプログラムを示している。人間の生涯を考える時、新しい場面への適応や挑戦の中に、この4つへの対応が含まれることを忘れてはならない。

2）人間は、仲間と共に生きる存在である

人間の生物としての特徴の一つが、子どもが未熟な状態で生まれて、母子ともに仲間からの手厚い養護を必要とすること、集団による相互依存と役割分担が不可欠な生活様態を持つことである。このために、人は仲間との相互作用を適切に行うためのシステムを持ち、それを実際の相互交渉を通して生活の共同のために利用可能なものにしていく。

赤ちゃんの時には、養護してくれる母親などの重要な他者と共にいると、子どもの側からも相互作用を誘う働きかけがあり、双方の情緒的共感と相互性を成立させていることが知られている。歩く・話す・生活行動の自立などの人間としての基盤も、母親を中心とした周囲の人々からの働きかけや相互模倣によって習得されている。人間は、仲間と共に行動することで、仲間の一員として生きる術を身につけていくのである。

一方、人間の基本的な生態が、集団で話し合いながら狩猟を行うことにその基本があり、そのことが人間が社会を形成していく基になっているとも考えられている（コールダー、1980）。共同や競争では、生命の座である「個人」の原理との矛盾が起こる。この葛藤を克服するやり方も、仲間と共に活動する経験を通して、共同や競争におけるルール遵守行動や役割行動などの方略が学ばれる。

親しい相手や帰属する集団内の人には、「相手との共感」と「個人の歓び」

の距離が近くなることが知られている。集団の原理と個人の原理との矛盾の克服を、相手への「思いやり」を柱として考えることも出来るが、いくつかの仲間の一員としての自分を原点にすえれば、「私の中に私たちを持って生きる」という見方も出来る。

3）人間は、仲間と共に生きる過程で、自発的な学びを積極的に行う

　人間は環境に適応するための学習に対する生得的な基盤をかなり持っているというのが、心理学での定説になってきている。生物の進化のプログラムが遺伝子レベルで明らかになるにつれ、人間になってから可能になるのはどの程度かの議論はかまびすしい。これまでの知見では、生得的な学習基盤には仲間との相互作用の際に、行動に参入できる手がかりへの注目や、環境からの情報に応答する時は細部というより大まかな状況把握が先行する、などが見出されている。子どもは、周りの環境の変化に敏感で、共に暮らす大人の行動による変化にも注目しているらしい。子ども時代の「知りたがり、やりたがり」は人間の本性の発露なのである。

　人間の後天的学習は、仲間とのコミュニケーションを含む相互作用の場で、自発的な活動を通して行われる。初期には声と視線、情緒の交流、しぐさや道具の使用を媒介にする行動的コミュニケーションが主流であるが、人間が話す「ことば」というシンボルを用いることが可能になる。ことばの獲得は各自の記憶の中の個人的な認識の世界を、他者と共有することを可能にする。そして、それはまた見知らぬ人やまだ見ぬ世界をも考えられる道具になり、個人の生きる世界を現実の日常から大幅に拡大するものでもある。

　ことばによるコミュニケーションだけではなく、文字も利用できるようになったことで、人類が共有する知識は急速に深化した。そこに生まれた個人は、仲間との相互作用を通してある程度までの知識レベルに到達することが出来るのである。

4）人間は進化の中、蓄積し共有してきた「社会と文化」を継承・発展させる

　仲間と相談するためにことばというシステムを生み出した人間は、自分た

ちの暮らしを向上させるために共同して環境への挑戦を始めた。そこで生まれた知識は伝承として継承され、社会の規律や役割分担も進んだ。一万年を越える時間の中で、地球上の人類のすべてが、それぞれの言語と文化という生活様式に基づいて暮らしている。それだけでなく、世界中の情報が瞬時に飛び交い利用可能になっている。こうした世界の現実の中に生まれ、育ち、参加し、次世代を用意し、人生を終えるのが人間である。これまでの社会心理学や発達心理学で、適応という概念が中心的であったのもうなずける。

　大人の生活に依存し保護されて育つ子ども時代を卒業して、ひとり立ちしていくために、社会は適応のための支援プログラムとしての「教育」システムを創り出した。子ども時代の成長のエネルギーを自立のための技能の獲得へ向かわせ、文化的な枠組みを理解し、社会の後継者になってもらうための「学校文化」は、世界中に広まっている。この時代の「発達」は、価値や進歩への方向性を持つ、外的基準に依拠して捉えられることになる。

　成人期までの個人の成長は、社会に適応する行動を学ぶことと平行して起こる。多くの研究者が、社会や文化は与えられた環境であって、その一員としての適応的な行動をとることが「発達」だとする見方から逃れられずにいたとも言えよう。

　歴史の大きなマクロ構造を変えるのは、個人の手に余ることであるが、生きてきた文化の流れの中で、自らが自発的に参加し、継承してきたものについての実感を持つことは誰にでも出来る。社会や文化との付き合いは「主体的な参加」であらわれる。そこでは、自分で判断し決定していく自覚を通しての継承だけでない発展が目指される。

2　生涯発達心理学における「発達」を捉える視点の変換

（1）「生涯発達心理学」の登場と新しい「発達」概念の模索

　1998年に刊行され、発達心理学の前進である児童心理学の研究の足どりをまとめてある〈Handbook of Child Psychology〉の第5版、その第1巻の理論編には、生涯発達心理学への展開に関する3つの章が設けられている。そこ

では、共通して到達点に向かう過程としての「発達」だけではない考え方の必要性が説かれている。

大恐慌時代をはさむ縦断研究で知られるエルダー（1998）は、個人のライフコースは社会的に組織されているという観点に立って、大人の時期に適合する「発達」やパーソナリティ概念を構築することの必要性を指摘している。

ブロンフェンブレンナーとモーリス（1998）は、彼らの生態学的な視点から広く「発達」概念を捉えると、その中核的過程は個人（Person）と文脈（Context）の双方からなるとし、個人の中に発達を生み出しやすい特性を持つ人がいるのではないかと述べている。

生涯発達心理学の中心的な人物であるバルテスは、その仲間たちと共に生涯発達理論を大掛かりに論じている（バルテスら、1998）。老年期を視野に入れたことで、人生における適応過程を一人ひとりの発達日程表を持ったものと考えて、「発達」を個人に焦点化し、機能的な側面から捉えることを提案している。その中心となるのは進化における選択の原理を援用したもので、自分の人生における選択とその適切化や、うまくいかなかった時の補償作用を効果的に協調させるという枠組みを提案している。

論文の後半では（著者が交替している可能性が高い）、大人になるまでの「発達」とは異なる視点として、「発達する存在としての自分」の認識と評価の重要性を指摘している。これに関連する議論は、パーソナリティの発達という枠組みで議論されてきたものに近いとして、自己概念と自己制御過程、達成への過程と自己評価、生活様式の選択、人生の各時期における評価的適応など5つの項目についての発達の可能性を論じている。

わが国でも、生涯発達心理学の成立に伴って発達研究が広がり、それを受けて、無藤 隆ほかの編になる『講座 生涯発達心理学』が1995年に金子書房から出版された。その第一巻は、「生涯発達心理学とは何か―理論と方法」というタイトルで、この学問展開の意義が論じられている。論者によってテーマは異なっていても、「発達」を捉える視点の変換が必要であるという点では一致している。4章までの議論の中から、ここでの議論に関わる提案を拾って

みよう。

　第1章は、「生涯発達」という視点を社会が必要としている点から、「大人を完成態」とみなす一方向の発達ではなく、価値の多様化や自分らしさの自覚などを織り込んだ、概念の必要性を論じている。この中から具体的な提案として、次の2点が読み取れる。一つは、子育ての期間における大人と子どもとの生活を、「同じ場にいて共に発達している」と考えるという点である。人生が長くなったことによる世代間の関係の変化や、子どもとのつきあいなどの話題に、この視点が透いて見える。もう一つは、価値の多様化を包み込んだ人間における多層性を提案し、それぞれの場での「意味の発見過程」を捉えるべきだという提案である。これは、この世の中に適応するための行動の獲得という視点からでは、生涯発達は捉えきれないという発想から出たものである。子どもと付き合う中で見えてきた「自分らしさの自覚」もその一端をなしていると考えられよう。

　第2章は、生涯発達心理学の成立に関わる歴史的文化的経緯を的確にまとめ、人生全体を見通した人間観の方がより伝統的であり、「適応」中心の進歩の思想は19世紀以降のものであるとしている。彼の議論で注目に値するのは、「生涯発達」というのなら、一個体の生命のサイクルを越えた連続性を視野に入れた「ライフサイクル」を考慮する必要があるとしている点である。「ライフサイクル」という概念は、誕生－成長－生殖－子育て－世代交代－引退（死）という生命のサイクルが世代間で循環しているということを捉えたものである。個人の人生を考える時にも、こうした大きな循環の中で生きているという捉え方をすることで、新しい意味の発見につながる。

　第3章では発達概念の再検討の提案を、第4章では成長モデルが変わる生涯発達モデルの提案がそれぞれなされているが、情報の整理の段階から具体的提案への踏み込みが弱いように思う。矢野は、発達の概念を決定論的な因果関係から解き放ち、対人的自己のサイクルや生涯にわたる経歴としての発達という捉え方をしてみることを提案しているが、「発達」概念における意義が明確ではない。やまだようこの提案も著者自身がモデル化の模索段階と言っているように、人生の終末に近づく時期についての議論としては意味があ

っても、「発達」全体への意義があいまいである。

　これまでの議論で、生涯発達心理学における新しい「発達」の概念は、大人になるまでの「発達」から考えられていた進歩への方向性や環境への適応という視点とは異なるものである必要が指摘されてきている。守屋慶子（2006）は、高齢期を「適応」から「創造」への時期と考えることを提案し、賢さ（wisdom）の達成と人との関係が〈与えられたもの〉から〈選び取ったもの〉へと変化することを論じている。そこでは個人にとっての社会や文化は「その中で学び、適応していく」だけではなく、「参加し、つくりあげ、継承するものである」とする考えを加えることの重要さが示されていると言えよう。

　もう一つの視点には「仲間と共に生きる」ことからくる、共に育つ人との関係の変化を組み込むことがあげられる。守屋も、「ひとの生にとっては空気の存在にも相当する〈人との関係〉」という表現を用いて、人との関わりを抜きに発達は語れないとしている。

（２）仲間と共に育つ人間の発達を人生における社会的関係の変化と関連させる
　「発達」概念の転換は、従来の成長モデル一辺倒ではなく、「死」へ至る衰退過程をも範疇に入れることとなった。しかし、これは大人になるまでの成長中心の考えに老年期を加えて考えるというような単純な範囲の拡大ではなく、拡大したことによる新しい視点の提出が求められている。心理学が長年にわたって親しんできた個人の「能力」に代わる新しい概念を提案するのは至難の技である。

　これまでの背景から浮かび上がってきた問題を解決するには、「仲間と育つ人間」という視点と、「人生における社会関係の変化」を考慮して考えることが必要になることが示唆されている。新たな概念を見出すには、以下のような条件が必要となると考えたい。

　　１）大人の視点から子どもを「発達する対象」として見ることをやめ、「共に活動しながら育ち合う」ことを発達の基本として考える。

　　　　　このように考えると、必然的に育っている個人が捉えている共に育つ「仲間－社会」との関係が問題になる。
　　　　　二人の間の関係だけではなく、それぞれが背負っている関係も考慮される。
　　２）生涯にわたる人生という視野からは、世代交代の時期の「大人の発達」に注目する。一人の人生に閉じることなく、次世代に継承されていくものと、個人の生をもって終結するものの二つを同時に自覚しながら生きる時期になる。
　　　　　これまでの成人期の研究では、大人の「社会における適応的な行動としての養育行動や社会的行動を通しての発達」に重点がおかれてきたために、人生の終末につながる高齢期とのつながりを難しくしていた。「若い世代との関係を含む多様な相互作用を通して人生の新しい意味を見つける」個人的な過程をも加えることで、この問題の解決を図る。
　　３）子どもの養育と発達の過程については、子どもの発達を引き出している仲間としての大人の（個人として・社会の一員としての）振舞いに焦点を当てる。
　　　　　共に生きる子どものどんな行動に意味を見出しているのかを自覚させていくことで、「子どもの発達と大人の発達とのつながり」を考える糸口にする。

　「仲間と共に育ち合う」ことを基盤にして新しい発達の概念の展開を図るためには、赤ちゃんから大人までの人生において、生きている意味の世界がどのように拡大し、その後の人生にどのようにつながっていくのかを語るための枠組みが必要になる。
　個人に閉じた形での発達を捉えるのではなく、仲間との相互関係に焦点を当てると、個人の到達点の記述だけではなく、人生の初期における行動基盤の生成の段階から続いているものと、経験の積み重ねによって可能になっていくものとが層を成していることを想定しないと説明できない。実際の仲間行動は、相手との関係や状況によってどの層からも規定される。大人になっ

てからは、年少の子どもとの関係の時、同年齢だけの仲間の時、社会システムの一員として振舞う時など、個人のあり方によって共に生きる場での意味の生成は多様化する。こうしたことが示せる枠組みを用意する必要があろう。

　個人（内）が、外界へ積極的に働きかける（外）ことの統合過程の結果として「ことばに関わる認識システムの発達的多様化」が起こると考える生涯発達モデルでは、生涯発達の各層において社会生活の中での学びの多様化についても論じた（1995）。
　話しことばの成立までの赤ちゃんが仲間として育てられる時期の学びを、仲間としての共感に支えられた「共生的学び」、学校教育の時期を通して大人のシステムの持つ構造や知識が伝授される「継承的学び」、その後の自分の人生の評価に視点をおいた「自己統合的学び」という考えを提案した。この枠組を応用して議論を進めたい。

3　「生まれてからの人生におけることばと認識の多層化モデル」を背景とした枠組みの提案

　ここで背景とするモデルは、岡本夏木（1982）に示された、子どもがことばを獲得するまでの人とのサインの交換に視点をおいた説明図式に、発想の源を持っている。話しことばの獲得までの契機には、大人との共感的交渉が土台にあることと、ピアジェが丁寧に理論化している子どもの自分自身の活動を通しての学び（感覚運動的知能）の重要性を基盤にしたものであった。それを検討していく中で、大人と共に生活すると頻繁に起こる「意のままにならない相手の存在」の気づきが生まれ、自己主張の核になっている「自分」（個としての分離）が起こることへと発展させたのである。
　当初は、4歳児期に顕著になる「外からのルールへのこだわり」と「積極的な仲間遊び（学び）の開始」を「書きことばの習得」とつなげて発達的に理解しようとする試みから出発した。しかし、「積極的な学び」を展開する仲間と共にいる個人のあり方に注目することで、幼児期における「大人の世

界への参入」や「仲間との相互作用」における葛藤の克服を理解する枠組へと展開していったのである。

　このモデルを手がかりにして、成人期以降を視野に入れた生涯発達を捉える枠組を考えるために、枠組として用いられた概念や用語を検討し直し、新しい衣を着せる工夫をしてみたい。

　次頁（6頁にも掲載）には年齢幅を2のn乗目盛り（3月、6月、1歳‐2歳、4歳、8歳‐16歳、32歳、62歳）にして、変化を直線的に示した図（1993）と、それを岡本（1982）と同様に年齢の幅を標準的な間隔にして曲線的に書き直し、各層には新しい名称をつけてみたものとを並べてある。

　新しい提案では、話しことばの形成としていた第1層を「人間の基盤形成」、書きことば及び概念的思考の完成とした第2層を「社会への適応行動形成期」――個性化のはじまり、自己統合的思考の第3層を「私らしさの自覚期」――個性化過程の完成と言い直すことにする。

　各層の中にはA…身体を持つものとしての自分（内）、B…活動の主体として環境に働きかける学び（外）、C…新しいスキルを持って世界を広げる（統合）に対応した3つの下位の層が示されている。これらは、元のモデルでは3期として言語と認識のあり方をステップアップしていく過程として想定してあったものである。今回のモデルでは、各層での学びの前提としてAとBを考え、Cではこの時期に多様な展開が起こると考えている。

　層への変化が起こる年齢は、0歳から3歳、4歳から12歳、13歳以降となってはいるが、その対応は強固なものではなく、どの年齢でも3つの層からの発達が達成できるとしているのである。

　次に、各層についての説明を加え、「発達」への議論につなげていく。

（1）人間としての行動基盤の形成

　第1層は、人間としての基盤が出来る過程である。生物としての人間は、共に生きる他者とのつながりを付けやすくするように生まれている。自分の

第2章　大人の発達を記述する

図1　内と外との統合化の過程としてのことばに関わる認識システムの発達的多様化

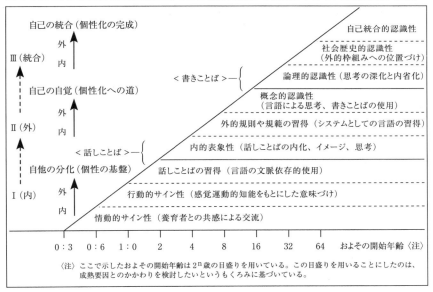

図2　人生における世界の変化の多層的発達モデル

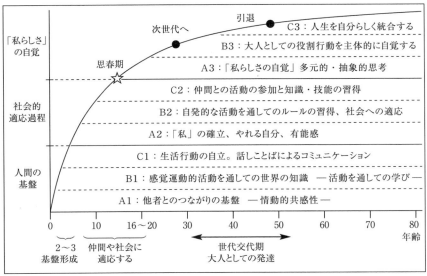

内的状態を他者によって読み取られ適切な対応を受けることで「基本的信頼感」が持てる。

　大人は、子どもの状態をなんとか適切に把握して安定した養育行動が出来るように努力する。睡眠、食事（授乳）、排せつ世話、むずかりへの対応などの相互作用を通して、生きる命のたくましさとか弱さを実感し、世話をする自分を発見する。

　子どもがことばを獲得する過程では、同じ対象への関心を核として繰り広げられるコミュニケーションの中で、子どもも一人の人間であることを悟る。この時期の大きな節目を成しているのは「コミュニケーションの中でことばが使えるようになる過程」である。子どもが育つ場で、どのような時にどのようなことばが使われてくるのかは、彼らの将来につながっていく。

　子どもたちは、大人との生活の中で身体運動の発達や、行動の自由と行動半径の広がり、積極的コミュニケーションの開始と生活行動の自立という、人間としての基盤が出来る。大人は、育児への主体的参加を通して「私らしさ」の自覚を始める。

（2）仲間——社会への参加行動と大人としての行動基盤作り

　　　前期（幼児期）…大人との関係を安全基地として仲間関係を作り始める
　　　後期（学童期）…大人から提案された道筋に沿った努力と同年齢集団の組織

　人間としての基盤が出来てくる第1層の終期になって初めて、自分の意志に気づき、「私」という実感が生まれる。同時に大人の側からも「仲間といる中で存在感を持つもの」として自覚される。この時期の子どもたちは急速に世界を拡大して行く。その源は、成長する身体、活動の広がり、知識の広がりなど多岐にわたる活動をこなしていく有能感（やれる自分）である。

　幼児期と呼ばれる前半期は、大人を通しての世界に子ども同士の世界が埋め込まれている。自分たちが生きていく世界の情報を貪欲に吸収し、やれることを増やしていくのに、仲間を相棒とした遊びは格好の場なのである。子どもの生活は徐々に親の目から外れ、新しい世界を作り始める。

大人社会が文化の継承を目指す場として用意した「学校」に通い、文字の読み書きを教えられる後期の子どもたちは、自分たちは成長して大人の世界に入ることに気づき始める。そのためには大人からの要請に従わなければならないし、評価にも敏感になる。外からの評価が強くなる中で「やれる自分」という感覚をどうして維持していくかが最大のポイントになってくる。

　学校の勉強に代表される知識の習得は、書きことばと概念の理解、論理的思考をもたらす。実体験はなくともたくさんのことを知っているし、参加したり考えたり出来る。ことばを媒介にした知識には抽象性がつきものなので、不得手な子もいる。「やれる自分」にとっては、学んだことが実生活に直結する仲間との遊びの意味はより大きくなる。

　この時代を共に生きる大人にとって、子どもは扱いにくい存在である。生活は依存しているけれども、彼らが生きている世界は確実に拡大し、大人に近づいてきている。一人前に扱うのが難しいので、原則論的になり、社会的評価の代弁者になりやすい。子どもを社会の中で成功に導こうとすると、親は社会の側の人間として振舞うしかないという葛藤を経験する。親も子も「社会適応」という枠からはずれにくい時期といってもいい。

（３）思春期に幕を開け、世代交代で実を結ぶ大人としての自覚への道

　　前期（思春期―生活の自立）…大人としての実感のあいまいさと現実感の狭間
　　後期（結婚・子育て―次世代の独立）…世代交代と「私の人生」の自覚

　第二次性徴の到来は、否が応でも大人への道を自覚させる。生活の自立が充分に出来なくても、想像の世界での飛躍は出来る。たくさんの情報と選択肢の中で、子どもたちは悩むことになる。大げさにいえば、自分自身の身体の問題と、命としての連続性の問題である。一方で、この時期はことばによる思考が深まる時でもあるので、自省的な思索にふける者も出てくる。友だち関係のあり方にも変化が生まれる。

　こんな時の学校は「社会」を代表するものになる。「社会への適応」を目

指して卒業し、親への依存から抜け出せるこの時期には、親の側にとっても、子どもの側にとっても依拠する仲間規範は多様になっている。最近では親との確執や葛藤よりも問題の回避やひきこもりが問題とされている。自分らしさを見つけようとする青年期の課題は、親の世代にとっても重要になる。

　生活の自立と、共に生きる異性との生活の開始は、親の世代と子の世代の双方にとって、この時期の大きな課題である。ここでも、親は社会の側の人間として振舞うことが多い。結婚しないことを選択した人を含めて、子どももすでに一人前の大人になっている。世代交代の期間は、双方の価値観の多様性により学びの広がりが大きい。

　現代社会では、健康状態の改善によって社会の組織や役割を動かす立場にいる大人が、未熟な成人とつき合う時間が長くなってきている。世代交代における大人同士の学びが重要になるのである。

　この層の最後に位置するのが、高齢期である。そこでの「発達」のあり方は、「私らしい人生の自覚」とだけ表現しておきたい。守屋（2006）の言うように、大人としての人生の中から生まれる「賢さ」や〈自分なりに選択していく人生〉は、一つの形であろう。自分の人生を統合するという言い方は硬いが、賢くなることは出来なくても悔いのある人生も自分のこととして引き受け、今、共に生きる人に感謝して過ごすことは出来る。

　一方、子ども世代は老齢期の暮らしぶりについてのモデルを見ると同時に、介護へ参加する経験も持つ。自分らしい人生を考える契機になっていく。

　3つの層がどのような意味を持ちうるのか、ということの大枠は以上である。世代交代の時期における、自分の前世代（親）と次世代（子ども）とに挟まれながら、自分の世代を運営していく「大人としての発達」の様相を描き出してみた。子育てから始まり、次世代と大人として関わる第3層後期の発達を考えることで、生涯発達における新しい「発達概念」を見出していきたい。ここでの議論は、次の世代を準備する使命を果たした老年期を、生涯発達の一つの区切りとして、自分の人生を世界の中に統合していく時期と考えることにつなげていけると考えてもいる。

4 生涯発達心理学における「発達」の概念
――「仲間と共に生きる」という視点から見えて来たこと――

（1）共に育ち合う中での「私らしさ」の自覚と主体的な参加

　今回提案した「人生における世界の変化の多層的発達モデル」（45頁、図2を参照）は、「共に育ち合う」という視点から、相互作用における関係性の世代関係の変化に視点をおいて考えてきたものである。

　ここで基本となる3つの層は、まわりの人たちとの関わりの質的な違いからくる「赤ちゃん期」、「子ども期」、「大人期」にあたる。それぞれの層には、発達の核となる「個人の自覚の水準」と「外の世界への主体的な適応的活動」の2つの「発達的契機」が仮定されている。発達する個人の行動様式の変化が、仲間との相互作用活動に変化と広がりをもたらし、その結果が新しい「自覚」を生むという構造で、人生経験を積むにしたがって多層化するというのが、「生涯発達」に対する基本的な考えである。

　各層での「発達」を考える契機について簡単に解説する。
　層－A：個人の自覚の仕方の3つの水準
　　A－1：自覚はまだない。受容されている自分の感覚？　相手の中の自分。養育者との情動的一体感を基本にしたサインの交換は、他者に対する基本的信頼感を育てる。
　　A－2：養育者との相互作用を通して形成される「自分」の発見と有能感。自己主張、排せつなど生活行動の主体として、「やれる自分」を感じる。後期になると、「出来ない自分」とどう向き合うかが重要になる。
　　A－3：世界の中の自分を考える。「私らしさ」の自覚。
　　　　　内省的な視点で見る「自分」、他者から見えている「自分」など多次元的抽象的に自分を捉える。「私らしさ」に向けての価値の整理が始まる。
　層－B：活動の場での「発達＝新しい見方」を主導する自覚。
　　B－1：感覚運動的知能の段階にあたる、意図の形成や目標行動などの

　　　　　　開始。

　　　　　　多くは仲間との相互作用の文脈で始められるが、自己の世界を持つようになる。

　　　　　　自分が気づいた世界の探検と行動の獲得。

　　　　Ｂ－２：仲間との遊びや模倣、学校での勉強を通しての学びを楽しむ。

　　　　　　後期になると、活動は複雑化し、抽象的ルールや高度な技能も習得される。

　　　　　　課題場面での学びへの適応と仲間場面での学びとが両輪をなさないことがある。

　　　　Ｂ－３：大人としての行動の学び。自覚的な選択と自己決定の感覚。

　　　　　　社会への適応を課題として受けとめる学びの達成とそこからの脱却。

　　　　　　仕事としての学びには自己決定の余地が少ないことへの対応。

　　層－Ｃ：行動の場の特徴（活動の内容を含むので、多くの発達理論の対象になっている）。

　　　　Ｃ－１：仲間とのコミュニケーションが中心。養育者とのやりとりを通して環境への適応行動と、話しことばの習得が行われる。

　　　　Ｃ－２：仲間とともに社会からの要請に応えながら新しい知識と技能の習得。

　　　　　　ことばの内言化・抽象化を武器にした、生きる世界の拡大。

　　　　Ｃ－３：大きな世界の中に「私」を位置づける──（この部分は新しい）

　　　　　　「参加してきた－参加していく世界」の認識。

　これまでの説明から、生涯発達における新しい「発達」の概念を、〈「私らしさ」の自覚を核とした、（主体的な）仲間との学びの展開〉とする方向が定まった。

　仲間との活動（遊び）には、同調行動と呼ばれる無自覚な楽しみもある。しかし、共に活動することの楽しさを通して次の活動の目標も芽生える。はじめから主体的でなくとも、仲間といる心地よさと、新しい世界への興味が「私」の発達の場を用意する。

　「私」としての自覚は、Ａで見るように個人としての成立は第１層の完成

を待たなければならない。この時期には、まわりの大人が子どもを「仲間として」受け入れ、自覚しているかどうかは別として、社会の行動規範を具現するものとして働きかけている。子どもを育てる親が持つ〈私の子＝私たち〉という感覚が、共に生きる仲間としての相互作用を通して伝わっている。大人の関わりの継続性が子どもの自覚を育てることはよく知られている。この基盤は生涯にわたる人とのつながりの多様化の中で作り続けられる。

「私」の自覚が出来ると、仲間との葛藤が生まれる。行動の自立が親からの統制（しつけ）を受けるようになる原因である。第2層では行動レパートリーの増加に伴って、「やれる自分」の自覚が出来ると同時に、共に生きる仲間や社会からの評価の目にさらされる。この時期の「行動レパートリーの多様化と高度化」、「葛藤を乗り越え、新しい「私」を自覚するための発達的変化」については多くの研究がなされてきた。

「発達＝社会化」という捉え方も出来たように、社会へ適応していける存在としての「私」が自覚させられる。それは、「私」をたくさんの「私たち」に認めてもらう過程でもある。親の世代は、このことに対して自覚的に対処せねばならない。「私たち」に含まれたくないのに、強要されていると感じる時もあるのだ。

第3層での自覚は、仲間や社会との付き合い方の変化に伴って生まれる。適応すべき社会としての世間は広がってくる一方で、個人レベルでの一番親密な仲間としての自分の「家族」を形成していく。この時点で、適応するものではなく運営するものとしての社会が自覚される。そこでは参加する人のあり様によって価値が多様化するので、「私」だけを頼りにしていくしかない。自分なりのやり方で子どものしつけをし、生活を維持していくことになる。

こうした人生の展開が見えてきた時点で、「私らしさ」の模索が始まる。実際には行動の多様化に直面しながら、私らしさを見失わないようにするという感覚だとするのが適切かもしれない。「大人としての発達」は、仲間とのつきあいや世界への見方をある程度の範囲にとどめたり、新しい世界に挑戦したりと個人によって異なる。一般化できるとすると、「私らしく生きる

自覚」というくくりになるだろう。

(2)「私らしさ」の自覚を生涯発達の中心概念にしたことの意義
　生涯発達は、観察するものの視点からではなく、人生を生きる人自身の視点から語られることが必要だという議論がなされてきた。個人の人生を自伝的に記述することで生涯発達心理学を構築することは難しいが、人生の流れの中で、「私」に対する自覚のあり方には、いくつかの普遍性を見ることが出来る。
　単純に言えば、乳児期までは「私」に自覚は出来ていない。2歳から3歳ごろにそれが芽生える。子ども時代の「私」は、仲間と相互作用して活動する主体である。青年期になると、この「主体性に変化が起きる」。仲間の中に単なる相手を越える存在を見出すことと、共に暮らす人たちからの巣立ちという大きな契機がある。やがて「私」は、「私たち」をつくる。生まれた赤ちゃんは「私たち」の一部として共に成長する。人は「私たち」をたくさん持つことが出来るが、それを失うこともある。人生の終着点は、「私」として「私らしく」迎えることになる。
　「仲間と共に生きる」生涯発達では、共に生きている人の持つ「私たち」という捉え方が相互に影響する。これまでも、同年代の仲間との相互作用の研究は盛んに行われているが、共に生きるのは同世代ばかりではない。「私たち」にどんな相手を取り込まなくてはならなくなるかを生涯にわたって考えることが新しい視点となっている。既に出来上がっていたことばと認識の発達過程のモデルでは、他者とのコミュニケーション過程が学びの場であると捉えていた。この中に、相互作用し合う相手の多様化をあてはめることで、「私」の自覚のあり方を発達の契機とするという考えが生まれた。

　もう一つの視点が、社会（仲間と）の行動の中で、主体的に活動する「参加」という概念を導入したことである。仲間との活動は個人の利害と対立することもある。そのために、「私たち」は相互に話し合い、交渉しながら利害を調整することを続けている。「大人としての発達」を考える時、社会の

運営主体として活動できる「私」が自覚されていることが重要になる。私たちの社会は、複雑な構造を持っているので、主体的運営などに参加しなくても大抵の活動は出来る。でも、家族を運営するのは親としての務めである。「子を持って知る親の恩」ということわざ通り、たくさんの学びを経験する。それがどんなものなのか、他の時期の対人関係の変化や仕事での活動との違いは何かを考えることで、世代交代の時期の相互作用を取り上げることになった。

　自分が主体的に参加する活動は、どの年齢にでも見つけられるし、そこではたくさんの新しい「私たち」をつくる機会がある。「しなくてはならない仕事」ではなく、「誰か（自分を含めて）の役に立つためにしたい仕事」を探すことさえ出来れば、その達成の可否は大きな問題ではない。また、個人にとっての「大人の発達」は、「自分の家族」を持たなくとも多くの場で達成されていく。ここで、主体的参加への契機を自分の家族を持つことと捉えたのは、あくまで、個人に閉じることのない「発達」を考えるためのものである。

　このモデルのもう一つの特徴が、発達の契機を大まかに捉え、各層の成立に目を向けるだけでなく、多層的な可能性の中でどのような学びが展開するかを考えるように工夫されていることである。大人になっても人間の基盤としてのコミュニケーションがとれた時の歓びを感じることはあるし、いつまでも「やれる自分」にこだわっていることを自覚するのも楽しい。ことばと認識に関わる生涯発達の図と対応させると、大人になれば抽象的で論理的思考が出来るようになるはずなのに、「まだなんだか苦手」でも暮らせる面白さもある。世界に飛躍している人でも日常行動では大きな変わりはない。

　人生のどんな時でも新しい経験があるというのは、老人へのなぐさめなどではない。到達点へ向かっての進歩だけ気にするのではない、「なんにでも価値がある」ことに気づいていきたい。

第 3 章

子育て支援をめぐる「支え合いの輪」の機能
―子どもプロジェクトにおいて核となる概念の位置づけ―

　社会生活における学びは、家族や仲間、職場や地域などにおける関係の中で多種多様に展開されている。子ども時代は社会の成員としての適応過程に重点が置かれるが、成人期の発達課題には、自分たちで社会を運営していくことと、次世代を育成することが含まれてくる。前者の学びには「参加過程」が、後者の学びでは年少者（子ども）との関わりから生まれる学びの内容が明らかにされねばならない。これまでの相互作用による学びの研究においては、世代の違いに近い概念として熟達者と初心者の参加が取り上げられてきているが、相互作用による熟達者側の変化についての言及は少ない。それは取り上げられている学びの視点が知識獲得におかれることが多かったことによる。成人期の発達にとって重要なのは、具体的な場を想定しながら、「大人としての学び合いのあり方」を考えていくことにある。

　この研究は、研究協力園である蜂ケ岡保育園[1]での保育者や保護者の「育ち」を捉えるという具体的な場があった。その中では、「保育園での行事に参加することによる親の育ち」や「参加を促している要因」なども検討された（高田 薫、2004）。また、保育園での子どもの育ちを毎日支えている保育者自身の育ちが、共に働く仲間との共同によって支えられていることも、保育者同士の経験談を通して明らかにされた。そして、この議論に参加した結果として、子育ては親だけで出来るものではなく、子どもの育ちを見守る大人たちの「支え合いの輪」の中でなされるものだという視点を持つことが出来た。

　ここでの作業を通して、保育園という働く母親を支援していくところでは、

第1部　生涯発達における「支え合い」

　子どもを共に育てていくという「共同の場」がどのようにして作られ、どのような参加の仕方があり、どのような学びがなされていくのかを考えることが出来た。若い母親たちは、仕事と育児とを両立させていかなければならないという現実の中で、家族からの理解と支援を受けながら、保育園と共同して子育てをしている。彼らの多くは、乳幼児期という子どもの発達にとって大切な時間を、「共に育てている」という実感の持てる参加をすることで、自分たちも発達しているという実感を持っている。

　しかし、誰もが「親になることで自分が発達した」という実感が持てるわけではない。初めて子どもを育てることに不安やストレスを抱えている。思うようにならない幼子を抱えて、一人で悪戦苦闘しているのである。そこには、「子どもを育てる責任」から、他者との協力を必要としていることに思いが至っていないことも多い。幼い子を抱えた親だけではなく、不登校などの問題を持つ子どもの親たちにも同じような悩みがあることも明らかになってきた。

　一方では、親の側の大人としての生活が優先されて、親としての自覚がないようにさえ見える事例もある。社会における大人の生活の変化に目を向けずに、「子どもを育てることが大人としての発達の契機になる」ということを単純に一般化することは難しいと実感している。

　以上の経験から、子どもを育てるという「対人援助」の場そのものへの取り組み方（参加の仕方）の多様性を明らかにした上で、取り組み方の違いと「大人としての育ち」を捉えることにした。

　この章での目的は、これまでの研究活動で積み上げられた知識と言葉づかいを整理し、研究をまとめていく用語としていくために、基本となる概念を明確化することにある。

1　子育て支援活動——「支え合いの輪」への参加についての検討——

　第一の焦点は、子育てをしている親への支援活動の参加実態という現場での問題を明らかにしながら、子どもは親だけで育てるものではない、という保育園の保護者向けに考え出された「支え合いの輪」という考え方がどのよ

うな有効性を持つかを考えることにあてられる。

「親はなくとも子は育つ」という格言があるように、緊密な人間関係を基盤にしているコミュニティーでは、子育ては親しい人の間で共有されていた。現代でも、出産は親元へ帰ってする人が多い。産前産後の休暇が保障されているように、母親による育児はすぐには始められないので誰かが世話をする必要がある。新米の母親の子育てには周囲からの具体的なアドバイスが欠かせない。

この「支え合い」のシステムが利用できないか、うまく機能しないところに向けて公的な支援が行われている。職場へ復帰するために子どもと共にいて世話をすることの出来ない親を支援する「保育所」と、子どもと共にいて世話をしていてもストレスがたまったり、適切な世話が出来ないという不安を持っている親への支援とに大別できる。

「子どもを育てる」ことは個人の私的な領分だという考え方もある中で、公的援助が必要とされている現実に目を向けていけば、「対人援助の場」を作る、参加するなどの過程での問題が明らかになりやすいことが考えられる。

（1）子どもを自分で世話している母親に対する子育て支援

子どもが生まれ世話をしなければならなくなると、我が子がかわいいと思っていても、夜中に何度も起こされたり、泣き止まない子をなだめたりする苦労も気にならないとばかりはいかなくなる。24時間子どもに拘束され、振り回されていると感じることが多い。それでも、こうした親として行動することへのストレスがうまく克服されていけば問題はない。「支え合いの輪」の機能の一つが、こうしたストレス緩和のための支援にある。

もう一つの機能が、子どもの世話で行動が制約されるために、「自分の行動」が出来なくなることへのストレスの緩和である。赤ちゃんの首が据わらないうちは、外へ連れて出ることは控えたほうが無難である。そうなると、生活必需品の買い物も誰かに頼まなくてはならないし、美容院に行くなどとても出来ない。連れて出ることが出来るようになっても、行動はかなり拘束される。短時間でよいから子どもを預かってくれるところが欲しい。こうし

た要求に対応した支援が行われている。

 1）近隣ネットワークと子育てネットワーク
　子どもを育てている生活の周辺に、親しく声を掛け合う関係の人々があれば、子育てのイライラを解消するおしゃべりや短時間なら預かってもらうことも出来る。もちろんそれには暗黙のルールがあって、頼りっぱなしではいけない。何らかの意味で「お互い様」と思ってもらえるような貢献が要る。新しく出来た人間関係の中ではこうした関係の結び方が難しいこともあって、気を遣うのを回避する傾向が見受けられる。近隣ネットワークを育てることと、大人としての発達は結びついている（垣内国光・櫻谷真理子、2002）。
　自発的な子育てサークルの発生は、近隣よりももう少し範囲の広い人々が関わっていることが多い。近くの公園で知り合った人、なんらかの催し物に参加した時のおしゃべりなどがきっかけになっている。近隣よりも自分のフィーリングに合った仲間がつながりやすいのが特徴である。ここでは気の合った仲間たちが、単なる「お互い様」を越えて、自分たちのための活動を運営していくことへと発展することがある。
　一方、こうして運営され始めた「子育てサークル」や、自治体や保育所、NPOなどが運営する子育て支援のための「サークル」の活動に参加してくる人々がいる。最近は広報紙などに多くの情報が載せられているので、自分の都合のよいところに参加してみることが出来る。親子で参加しているので、日頃親とだけで過ごしている子どもが楽しめるかどうかと、親自身の居心地のよさがポイントになる。浜名紹代（2003）の報告にもあるように、参加者が一定の役割を分担することによって積極的に関わってもいける。お互いが子どもを育てるための役に立つことが出来れば、支え合いの輪になっていく。
　しかし、どこでも誰もがこうして積極的な参加者になれるわけではない。親の都合が優先されて、サービスを受け取ることはしても主体的に関わろうとしない人も多い。こうした人の中には参加者同士で情報を交換して、あち

第3章　子育て支援をめぐる「支え合いの輪」の機能

こちの催し物を渡り歩く人もあると聞く。それでも、個人的な知り合いが増えることで、形の違った「支え合いの輪」が出来ることもある。そこでの交流からは相互作用による学びが生まれる可能性がある。

　見知らぬ他者との直接的ふれ合いに苦手意識がある人たちのために、インターネットで子育ての悩みを打ち明け合うサークルがある。誰かがわかってくれるというだけでストレスの解消にはなる。ネット仲間とのおしゃべりも、子育て環境への直接的変化はもたらさないにしても、自分の意見も誰かの役に立っていると思えるだけの相互性が生まれているのかもしれない。

　2）一時保育
　もう一つの実際的な要求に応えようと設けられたのが一時保育である。従来の保育所が日常的に保育に欠ける子どもたちを対象にしていたのに対して、親の都合で世話が出来ない時だけ預かるサービスである。

　一時保育は、親にとっては都合のよいシステムであるが、子どもにとってはストレスが高いことを考慮に入れる必要がある。親と離れた子どもをいかに安心して過ごさせるかは、保育者側の技量の問題だとばかり考えてはならない。子どもがその施設の環境に慣れ、保育者と親との信頼関係がとれていることが前提になる。

　デパートなどの買い物の時間や、催し物への参加者のための一時保育が設けられ、利用者も増えてきているが、子どもは単なる預かりものなのではなく、そこで共に過ごす仲間なのである。どんな場合でも「支え合いの輪」に参加するということは、お互いをつなぐ信頼を築くことから始まることを忘れてはなるまい。

（2）女性の仕事の拡大（社会進出）と子育て支援
　母親（なぜか母親に集中する）が保育所に子どもを預けてまで働くことは「育児放棄」であると考えられた時代もあったが、育児休暇明けからの1歳児保育の需要は高まっている。保育所は働く母親のための育児支援の一環と

して位置づけられるようになったのである。世の中が24時間サービス型の暮らしになって、深夜に働く職種は急激に増加している。介護福祉が充実すれば、夜勤の職員が必要にもなる。

　子どもは昼間に活動し、夜にはぐっすり眠ることで健全に成長する。しかし、すべての親が子育てを中心とした生活設計をするわけにはいかない。親にもそれぞれの事情がある。

　これまでは、親族や地域といった支え合いがこうした事情をフォローしてきていたのだが、それに代わるものとして必要とされているのが、親に代わって子どもの健全な発達を支えるための夜間保育であり、24時間対応型の保育である。(シンポ報告、2004)

　通常の乳児保育、幼児の保育であっても、生活のほとんどを家庭を離れて暮らす子どもたちの発達の基盤になるのは、保育所での自発性のある活動である。彼らが楽しく元気で生活できるためには、親と保育者との信頼関係や連携が欠かせない。

　保育所での生活と家庭での生活をうまくつなげて、全体としての環境を整えるためには、親もそれなりの協力をしなければならない。熱心な保育所ほど親への注文も多くなりがちであるが、親と保育者が子どもの幸せを一番に考えながらも、相手の立場も考慮した対応を求め実践していく過程では、多くの相互作用が見られる。昼間の暮らしの楽しさとストレスとを受け止め、話し合う時間が親子の絆を深める。子育てを保育者にまかせっぱなしにしたり、自分流の考えを押し付けたりしないことで、苦労しながらも共に成長する楽しさを味わう場になる。

　もう一つ大切なことがある。保育所にはいろいろな家庭環境で育っている子どもたちが一緒に暮らしている。子どもたちは、共に暮らす仲間の持っている違いを受け止めながらも、仲良く遊び、学べるように配慮されている。十人十色の認め合いが自然な形で実践されているのである。このような保育環境を整えている保育者たちは、保護者との関わりの中でもお互いの違いを認めやすくなっているはずである。保育所という、「私たち」の暮らしを私のものとして活動する中で育まれるものを、大人の発達にも取り込んでいけ

るはずである。

(3) 子育て支援の場への参加過程
　子どもを育てるという親としての責任を回避できない事態に直面した時に、身の回りにいる人々や社会のシステムに支援を求めてくる人たちでも、そこでの参加の仕方は様々である。ここでは私たちの研究プロジェクトの活動から見えてきた、それぞれのシステムへの個々人が参加する様態について明らかにし、「共同への参加」に関する問題点を考えてみたい。

　1) 既成の「子育てサークル」に参加する過程と様態
　子育てに悩みを抱える人たちが、すでに活動している「子育てサークル」のプログラムに参加する仕方は様々である。その場が参加者にとっての「共同の場－支え合いの輪」としてどのように機能しているのかによる違いでもある。次にあげるのは、様態の広がりでもあり、深化の過程を示すものとも考えられる。
　①自分の関心に見合ったサービスを選んで参加するだけ
　②サービスの享受にとどまらない参加者同士の交流への参加
　③自分の出来る範囲での活動の分担、意見の交流
　④小人数の個人的グループによるより親密な関係づくり
　⑤自ら運営する「子育てサークル」活動の立ち上げ

　②から③へと進むかどうかが、「共同の場」になるかのポイントである。参加者の意識と活動そのものへの関与・分担のあり方が決め手になっているようである。「子育てサークル」での共同は、自分の問題を解決してくれる支援の場が快適であった人たちを、安心できる（小さな失敗は許し合えるなど）仲間へと誘い、新しい「支え合いの輪」を作り出す中で生まれている。

　2) 保育所の保護者会活動への参加過程
　保育所を利用する場合は、私に代わって子どもを育ててくれる人（保育者）

が運営する集団保育の場に子どもを託すので、子どもの育ちへの関与の共有性をどのように作り上げていくのかが問題になる。

そこでの参加の様態には次のようなものがある。
①自分と子どもの生活に見合った支援をしてくれる施設を選択して参加
②子どもの生活を保障するために不可欠な保育者との連携に参加
③自分の生活を改変することも含めた保育者への協力を通しての参加
④園の行事の一部としての保護者会活動への参加が作る親同士の交流
⑤保育所全体を保護者を含めての子育てコミュニティーにしていく

ここでは、②から③と、③から④とに少しの段差が感じられるが、参加の頻度を無視すれば、多くの保護者が④の段階までの参加を果たしている。このことは、保育所での共同がいろいろな人たちとのかなり長期にわたっての関わりとなることと関わっている。保育者が子どもの個性を伸ばすために一人ひとりを認めていくように、参加する大人たちにも認め合いが広がっていくような「支え合いの輪」になることが目指される。参加への小さな抵抗感が少しずつ克服されていくのである。

2 大人の学びの場としてみた「共同－支え合いの場」の形成と参加過程

(1)「共同の場」の成立過程における問題

前項までに見てきたように、「子育て支援プログラム」への参加は、自分の行動を変える積極的な参加へと発展すれば、新たな大人としての発達の場となる可能性が示されている。それなのに、多くの参加者が積極的な参加に到らないという現実がある。そこには共同という「活動への参加」に関わる問題の本質が関わっていると考えられる。

問題の本質に迫るための一つのヒントを示してくれるのが、ボランティア活動や住民参加型の集団運営に視点を移して取り組まれた「参加社会の心理学（穐山貞登、2000）」である。この中で、菊池章夫（2000）は集団参加性という問題を取り上げ、古籏安好（1968）が示した次のような定義を紹介し

ている。

　集団参加性とは、集団生産性を高めるために集団のメンバーが、集団目標に合致する共同行動をする程度のことを言い、以下の３つの要因によって決定される。
　①連帯性：集団の課題に対して他人と一緒に活動すること、および集団の
　　　　　　目標を遂行することにメンバーたちが喜びと満足を感じる程度
　②勢力性：他人の行動や態度、あるいは集団の決定に影響を与えることの
　　　　　　出来る程度
　③親和性：集団のメンバーに対して、どの程度友好的で温かい関係を維持
　　　　　　することが出来るか
　ここで取り上げられている共同は、参加集団に共通する「課題」があり、それを達成するという共通の目標のためのものである。本論が扱ってきた子育て支援のグループへの参加の場合には、同じ目標を共有できる人たちとして、ほかの参加者を捉えることが出来て初めて共同の出発点になるということだろう。

　ここで取り上げている共同が生まれる時には、享受者として参加している間に連帯性や親和性が育まれ、時には努力も報われることで、参加すべき仲間活動として認知されるという過程が前提になる。

　子育てサークルへの参加者の共同が成り立ちにくいのは、目標である「私たちとその子どもたちのために」という表現が具体性に欠けるので、時には個人により内容の異なる意味合いにとられる場合も生まれることに一因があるのかも知れない。同じ目標を共有しているという感覚をどのレベルで持ち合おうとするのかを調整する役割を担う人が必要になる。こうした小さな違いを認めていくためには親和性の役割が大きい。類似性や親和性の高いもの同士だと「支え合いの輪」がうまく機能するのは、このためでもある。

　保育所での共同では、目標を「私たちの子どもの幸せ」とするという点での問題は少ない。誰もが自分の子どもに一番の関心を持ってはいるが、自分の子だけがよければいいとは言えないし、「私たちの子ども」に具体的なイメージが持てる。それでも保育者との連携にずれが生まれることもある。保

育所では、親和性の高いもの同士だけで集まるということはない。そこで、たくさんのずれや問題を出し合い、連帯性を発揮してある程度の解決がはかられる。この時の話し合いがうまくいくことが参加者を増やす契機になる。話し合いの過程に参加することによって、お互いの親和性が高められ、参加者の多様性を認める基盤が作られる。

（2）「共同 – 支え合いの輪」の運営への参加が持つ問題点

　子育てサークルなどの「共同 – 支え合いの輪」の運営には、「お互い様」の精神に基づいた参加の努力が求められる。「お互い様」は「give and take」と同じではない。それぞれの立場に応じた参加——出来る人がやる、やれない時は感謝する——を実現していくための連帯がかなめとなる。しかし、こうした連帯がいつもうまくいくわけではない。特定の個人が仲間集団の決定への影響（勢力性）を持ちすぎると、全体としての参加性は弱まる。共に暮らす人の多様性を認め合うことが出来れば、連帯性の中で個々人の勢力性を大切にする方向をめざすことが出来る。

　「支え合い」には、相互依存（interdependence）という意味合いが含まれている。お互いの弱さを助け合っていくという交流には、互いの独立性と相手への依存性とが一方へ偏らない状態が基盤となる。この状態では、独立した個人の認識「私」の中に「私たちに含まれる他者」が含み込まれており、「私たちとしての他者（共同的な他者）」への依存は、外部の人間としての他者（異他的他者）とは異なる意味を持つものになるのである。

　共同的他者と異他的他者とはフッサール[2]のことばである（谷 徹、1998）。彼は、生まれ落ちた時から養育してくれている親は、子どもの自我に馴染んだ共同的他者としてあり、成長するにしたがってそれ以外の他者（異他的他者）との交流を経験する中で、共同的他者の枠組みを自覚的に拡大していくと考えた。つまり、私たちは「私の中に私たち」を取り込めるようになっていくと考えるのである。「支え合いの輪」はこうした認識を共有する「私たち」が作り上げていくのである。

　一方、中島義道（1997）は自主独立（independence）でも依存（dependence）でも

ない状態、相互に依存し合うことの中身を吟味せずに「支え合い」という言葉を使うことの危うさを、日本の社会的風土の特徴に照らして、次のように指摘している。

　個人が個人に自然に向き合う伝統のある社会では、「支え合い（interdependence）」もまた個人的レベルのものが主になる。だが、こうした伝統が欠如しているわが国では、「支え合い」とはスローガン・「お上」からの達し・定式といった形になりやすい。

　彼のこの指摘は、個人の自立性を抜きにした、スローガンとしての「優しさ」や「思いやり」の空虚さを説明したあとで言及されている。「優しさ」や「思いやり」と同じように「支え合い」という状態があり、それを行う（弱者に手を貸す）ことが推奨されるだけに終わり、弱者側には「支えられる権利」が生まれることを懸念しているのである。

　中島が個人レベルからみた「支え合い（interdependence）」にどんな内容を捉えていたかは不明だが、「支え合い」に参加する個人が、お互いになにがしかの変容を受けることを自覚していることが必要なのだと考えてもよいだろう。「支え合いの場」らしきものはあっても、参加者の共同が成立していないことが多いのも事実である。

　社会的相互作用による学びを提唱しているロゴフ（1990）は、「相互依存性」という用語を、参加者のどちらにも弱みや得意がある中でお互いが知恵を出し助け合いながら学ぶ、発達の過程を含むものとして用いている。そのために、親族や地域社会のように長期にわたるつきあいでは、「今は助ける側でもいずれお世話になる」という考えが機能しやすい。

　「支え合いの輪」における相互依存は、ある了解の範囲内でお互いを身内のように捉え（共同的他者）、誰にでもお互いの役に立てる時があることを認め合うことを基盤としているのである。

（3）大人の発達を考えるための「支え合いの輪」の機能

　本論では「子育て支援」への参加の一形態である、保育所の保護者会活動に対して用いられた「支え合いの輪」という概念が、どのような参加過程を

含むものかを明らかにしながら、その参加を通しての学びと変容が「大人としての発達」をもたらすものと捉えられるのかを考えようとしてきた。

これまでの研究経過から、①「大人としての発達」とは社会的な文脈の中で、仲間との相互作用を通してなされる、②「支え合い―相互依存」の共同への参加には他者との調整過程が必要となるために、多様な学びと発達の契機が含まれている、③大人の発達には「十人十色の認め合い」という社会における自己と他者との関係の認知に至ることが大切ではないか、という３つの視点が浮かび上がってきている。これらを柱としながら、「子育て支援の場」に参加することを通して、「共同の場」を運営する経験が参加者にもたらす「学びと発達」についてまとめておこう。

共同の場の参加経験における学びがもたらす発達の契機
１）自分の努力だけでは達成できないことがあり、それを他者との相互依存によって達成できることを知る。

「子育て」という自分たちに課せられた大切な役割は、自分たちだけの努力では全う出来ないものだということを自覚することが初めにある。青年期までは自立を目標に自分でやれることを増やしてきた若い親にとって、「人に頼る」ことの意味を見出していかねばならなくなる。

２）他者との共同のための、相互性を身につけること。

活動への参加から共同へとつなげていくためには、自分からも発信し仲間と話し合いながら活動するという「相互性の発揮」が必要とされる。初めからうまくはいかなくとも気の合う人にめぐり会えることが後押しする。

３）共同する中で、自分も相手も変われる（発達途上である）ことを認識する。

これは、自分とは意見を異にする人にぶつかった時の対応によって生まれる。共同のための話し合いにおいて、主張したり妥協したりが繰り返されるのだが、自分も相手も変わりうる存在として認め合えることに焦点がある。

４）共同の場での学びを自分の人生（発達過程）へ位置づける。

最後に望まれるのが、自分の生活と人生における自覚的な学びへとつなげていけることである。「私の中の私たち」というものの考え方が人生のいろいろな場で自覚され、一人で生きているのではない人生を広げられるかであろう。

　さらに、ここで明らかにされた点を、筆者が考えてきた生涯発達のモデル（高木、2000）に対応させて考察すると、次のようになる。
　第1点目は、世代交代の時期に起こる「世話される」ものから「世話する」ものへの移行の視点から捉えることが出来る。個人が社会に適応していくという関係から見た、親からの世話を受けなくなり、社会を担うものとしての「自立」という発達の目標が、社会と個人との「自己統合」へと導く契機になることを示している。子どもの世話をすることが、個人の行動だけにとどまらず社会の一員としての自覚を強く促すことになるのである。
　第2点目と3点目は、青年期までに支配的であった、社会の価値システムへの参加を目指して取り組まれる「継承的学び」が、社会の一員としての学びとなっていくためには、共同する仲間との親和性の成立が大きく関わっていることを示している。それは、人間の学びの基本が、仲間との中で共感的に取り交わされる交流を土台とする「共生的学び」にあることを再確認させるものでもある。ただし、それは子どもの時のような無制限のものではなく、節度を持ったうえでの交流でなくてはならない。大人の学びが難しいのは、これまでに作り上げてきたものへのこだわりが、変化可能性を阻害する点にある。
　第4点目は、生涯発達モデルで提案した「社会・歴史的認識性」の、個人と社会の関わりの部分にあたる。継承的学びの対象としては「世界という広がりを知る、歴史の一時点をして現在を捉える」ことが進行するが、次の自己統合的学びへの出発点として、「私の中の私たち」を自覚することがある。フッサールのいう「自我になじみのある共同的他者」に近い存在として、周囲の他者を自覚的に「私の中の私たち」として取り込んでいくことが求められる。そして、その取り込みは他者の全人格を対象として起こるわけではな

い。他者の人生の多様性を認め、お互いに相互依存することを認め合いながら生きる「支え合いの輪」は、「子育て支援」に限らずたくさん存在する。それらに参加する中で、「私」の育ちを「社会」の中に位置づけていくのである。

　ここで見出された「大人としての発達」の視点は、世代交代を契機として突然開始されるわけではない。学校という「予期的社会化」のシステムでは、大人になるための学びも取り入れられてきたはずである。しかし、社会へ適応するという意味で「社会化」という言葉が用いられてきたために、うまく機能しなくなっているという指摘もある。門脇厚司（1999）の言うように、子どもの時から「社会力」をつけるという視点に変えてみることも出来よう。
　大人になってからの発達は、一人ひとりに「自分なりの人生」があることを認めることに土台が置かれる。この土台の上に立って、「共同が必要になっている仲間同士が連携することで何が学ばれるのか」を、具体的な学びの場の形成過程を視野に入れながら明らかにすることが、ここで共有する目的ということになる。

第4章

大人の発達を捉える：生涯発達心理学への新しい道筋
―世代交代の時期を通過する大人たち―

　大人の発達を含む「生涯」発達という考え方を扱うには、誕生から命を全うするまでの人生の広がりを捉えることが必須になる。生まれた時から、親（仲間）に「世話をしてもらう」ことから始まり、成長するにしたがって「仲間の世話をする」という機会を持つようになる。最後にはまた「世話をされること」を知っておかなくてはならない。

　群れをなして生活してきた人間の営みは、仲間と共に生き、子どもを育てながら成長することを通して、「文化」を持つ社会を作り上げてきた。

　人間の社会を構成する大人の育ちにはいろいろな道のりがある。仲間と共有する文化とその歴史を知ることによって、人類の発達について考えることも出来る。

　これまでの「児童心理学」からつなげてきた「発達心理学」の視点では、「命をつなぐ子どもの成長」を中心にしてはいても、「子どもの育ちは共に生きる大人との交流による」ということを「生涯発達」の中で扱うことがなかった。そのために、「人間理解の枠組み」の中にある「仲間と共に生きる」という視点が考慮されてこなかったのである。

　本章では、これまでの「支え合いの生涯発達」に「新しい視点」をまとめてみることで、新しい道筋への考察を深めることにする。

1　人生における「世話される－世話する」ことの意義

　ここでは、母親の胎内で育てられてきた子どもが大人からの世話を受ける

ことで成長し、次の世代の世話をするようになるメカニズムを見出す仕方について考えてみる。

　子どもたちは、いつも一緒にいてくれて世話をしてくれる大人たちの表情やことばの交流を楽しんでいる。共に暮らす中でのわかり合いは、「共生的学び」という人間の学びの原点であり、子どもだけではなく大人にとっても大切なものになる。食事・昼寝・排泄などの「世話」は、気持ちよく過ごせるための交流や遊びの中での「わかり合い」を育み、「這えば立て、立てば歩めの親心」など、「話しことば」でのやり取りが成長していく姿になっていく。

　生まれてきた子どもの成長は、世話をされることに頼っている幼い時期を越えて、世話をすることへの喜びも芽生えてくるようになる。子どもたちが一緒に遊ぶ中でも、行動の達成に向かっての「世話をする」ことが見られるようになる。そして、こうした友だち同士にも広がる「世話をする」行動や、親世代から受ける「世話」がどのように受け取られていくかが、世代交代の過程で重要になる。

　ここでは、第1章で取り上げた「世話されるものから世話するものへ」の道筋をたどりながら、中学生の時期に自分が成長していく背景を自覚し、考えを深める機会をもつことの意義をどのように考えるかを捉えてみたい。

　学校教育の役割としての中学校家庭科における課題としては次の2点を考慮したい。

　　1）大人になるとはどんなことなのかを実感し、将来に向けての展望を持たせる。
　　2）人間を愛し、大人への自立の時を自覚し、心豊かで優しい大人になれる見通しが持てるようにする。

2 「大人の人生における世界の変化から見る多層的発達モデル」の構成

　第2章では、「仲間と共に育つ人間の発達を、人生における社会的関係の変化と関連させる」という視点からの多層化モデルの構成について説明した。

それは、「ことばに関わる認識システムの発達的多様化」のモデル（6頁・図1参照）を基盤に置いた内容を加えて、子どもを育てていく大人たちとのつながりを捉えていくものになっている。

（1）第1層：「人間の基盤形成」──話しことばが使えるようになる

その1：新しい命が育まれる──人が育つ場

人間の命に仕組まれている「仲間としてのシステム」によって仲間としての受け入れ態勢が動き出す。睡眠と覚醒のリズムへの対応、泣きやぐずりへの反応などが出来ていき、声をかけ、抱き上げることが「わかり合いの場」へとつながる。

3－4ヵ月ごろから人への関心を持つようになる。大人と共に遊び、食事をし、排泄の世話を受けたりもする感情や行動の交流の中では、少しずつ意味的な表現がことばのように感じられたりもする（情動的サイン性）。

その2：人が育つ場の広がり──わかり合える

子どもたちの生活の中で、やりたいこと・できることが広がり、行動の自立へと進み、人間としての基盤が出来ていく。6ヵ月を過ぎるころからの大人との生活行動では、経験の記憶もわかるようになり、ことばの交流が進む。大人は子どもがしていることに関心を持って関わり、声をかける「わかってあげるコミュニケーション」の時期になる。

その3：基本的人間行動の完成

人見知りが見られる9ヵ月のころから2歳を過ぎるころまでの間には、仲間との行動の中で扱うモノ（対象物）にはそれを意味する「ことば」があることを知り、話すことばが増える。使えることばが急速に増える「語彙爆発の時期」といわれる。

歩けるようになると、体を自由に動かして仲間とも行動するようになる。大人とのコミュニケーションが出来るようになると、やれることが増えてくる自分への気づきへとつながり、自己主張も始まる。

（2）第2層：「社会への適応行動の形成期」——社会の一員として参入していく

その1：仲間との関わりと「私」の成立

　　父母たちとの共同生活の中で、仲間としての生き方を理解していく。

　　仲間としての受け入れ態勢が広がり、友だちとの遊びには、テレビや漫画の物語なども含まれてくる。子どもたちは、大人も加えての交流を通して、わかることややれることが多くなる。

　　彼らのことばは、声に出して話すことだけに使われるのではなく、頭の中に入っていることばを使って想像し、考えるようにもなる。

　　そうした中で、大人のことばには使い方や意味合いなどに規則性があることに気付いてくる。

その2：大人とのことばの交流

　　小学1年生になることで、子どもの社会では学校教育でのことばの世界が始まる。子どもの好奇心から発する「主張」や「質問」には、大人の応答や、説明がなされる。

　　共有する体験についての語りやお話などの大人のことばは、先生から仲間の生徒たちの一員として聞くようになる。そして、子どもたちのことばは、日常的に共に暮らす大人たちが使っている表現形式や規範をもつ「社会の言語」になっていく。

その3：大人の社会への参入

　　この第2層には、学校教育を受けるようになり、「社会人となっていく子ども」が見せる「私の成立の姿」と、「大人の社会へ参入する」成長がある。

　　社会的適応過程の学びには、仲間との活動の参加と知識・技能の習得があるとされているが、その根幹は学校で学ばれる「言語による思考と概念的認識性」を深めることである。そして、社会における制度・文化・知識の理解と運用を学ぶことが、大人への道のりになっていく。

　　保護されている立場からの自立に向けての「大人への脱皮」の土台ができ始める。

（3）第3層：「私らしさの自覚期」──人生の生き方を考える自己統合的思考
その1：世代交代──思春期からの成熟と大人からの自立

仲間や社会との付き合い方の変化に伴って生まれる「適応すべき社会としての世間」は広がる一方となる。親たちとの共同生活の中で、仲間としての生き方を理解していく。

第2層からのつながりの中で、一人前の人生に向かう「大人としての基盤づくり」の時である。言語による思考の深化と内省化を通して、創造性や論理性を持つ大人になる。

その2：世代交代──人生の目標

大人としての方向が見出せるようになってからの世代交代は、結婚、子育てを含む「次世代へのつながり」を考えながら、社会の中で自立して生きる自覚の時と位置づけてみた。社会を動かす責任ある行動の中での自分らしさを見つけていくことが中心になるが、子どもたちが自立していく姿を見つめながら、家族の仲間とともに生きる人生を考える。

その3：私らしい人生の自覚──自己統合的認識性

そして最後に残された高齢期の「発達のあり方」は、仲間と共に生きる人生を振り返ることにある。自分なりの人生をどのように納得出来るのか？「正解」のない道のり、「悔いのある人生」を受け入れる方策。

話し合える仲間（現実世界にいなくとも）の存在を見出し、他者の役に立てる場でもある。また、老化を加速させないためにも若いころからの健康を維持することも必要になる。

「統合的認識性」とは、仲間ともつながりながら自分らしさを考えてみることになるのである。

＊第3層における3つの節目は、「大人の人生における発達」を考えるものでもある。

次からは、新たに取り上げた「大人の発達」に関わるいくつかの考察を加えていく。

3　15歳から25歳ごろまでの「若い大人」としての発達を考える

　前述した「世代交代－その１」は、思春期からの成熟と家族から離れることによる大人からの自立である。
　中学校までの義務教育を終えた15歳からの人たちは、心も体も成熟期の「若い大人」である。両親と共に育った子どもたちの「学校の生徒」としての友だちのあり方は、「世話をするだけでなく、されることも多くなる」ようにはなるが、大人からの視線につながる「世代交代」への見通しを考えるようになる。

　この時期の成熟のあり方を人生における社会的関係の変化とつなげて考えてみる。
　（１）小学校の５年生から６年生ごろに身体の成熟期に入る。
　　　　身体的成熟がもたらす身体の変化、性行動への心の動きが始まる。親も子ども扱いしなくなるので、大人との違いが小さくなり、交流の仕方が変わってくる。
　（２）中学校・高等学校卒業後の進路のあり方を考える。
　　　　親から離れて自立することへの準備としての仲間とのあり方と、同世代の仲間との交流のあり方が考えられる。また、支えてくれた人とのつながりも大切に思えるようになり、就職や進学に伴う新しい仲間との関係の構築も始まる。
　（３）人間としての成熟を伴う「大人としての自覚」が必要とされる。
　　　　家族をつくることでは、相棒と共にする生活・愛情のやりとりが中心になる。お互いの「私らしさ」を見つけることも……。
　　　　世話をする（わかり合う場）では、「大人であること」を実感し、次世代の仲間との関係の交流も生まれる。
　（４）社会的関係が多様化する。
　　　　どんな人生を生きることを目指すのか、親とのつながりと仲間としての世話などについて考えるようになる。

「大人としての基盤づくり」のためには、言語による思考や内省化を通して創造性や論理性が必要とされる。

4　大人の発達を考える（1）
　　「支え合いの輪」への参加過程の学びと機能

　仲間と「共に生きる」、「私たち大人の共同」への参加を通しての学びと自覚のあり方を、「発達の契機」と捉え、大人の発達の始まりとする。他者の人生の多様性を認め、相互依存することを認め合いながら生きる「支え合いの輪」は、「子育て支援」に限らずたくさんある。それらに参加する中で、「私」の育ちを「社会」の中に位置づけていく。

社会における「共同の場」の参加経験という学びがもたらす発達への形は次のようになる。
1) 自分の努力だけでは達成できないことがあり、それを他者との相互依存によって達成できることを知る——人に頼ることの意味。
2) 他者との共同のための、相互性を身につける——相互性の発揮。
3) 共同する中で、自分も相手も変われる（発達途上である）ことを認識する。
4) 共同の場での学びを自分の人生（発達過程）へ位置づける——周囲の他者を自覚的に「私の中の私たち」として取り込んでいくことが求められる。

5　大人の発達を考える（2）
　　子どもを育てている時の「大人の行動の変化」

　親として子どもの世話をする時にはどのような行動が必要とされるのだろうか。初めて誕生した子どもとどのように暮らしていくかについて考えてみたい。
1) 「生まれてきた子どもを愛しみ、共に暮らす中でのわかり合い」

- 表情やことばの交流を楽しむ──共生的学び。
- 出来るようになっていく行動を楽しむ──出来る範囲で立たせてみる。
- 幼い子どもの行動を支えるだけではなく、やりたい事や思いにも気付けるようになる。

2）「日常生活での行動が出来るようになる幼児期を支える」
- やりたいこと、出来ることが広がる中で、人間としての基盤が出来ていく。
- 友だち遊びが増える──友だち遊びの楽しさを知る。
- 子ども同士の遊びにも参加できるように見守る。

3）「学校にも続く社会への適応行動──仲間遊びが社会性を育む」
- 仲間の中で伝承される継承的学び。
    ──遊びからゲームや試合への参加、家族との暮らしの中での行動。
- 子どもたちの遊びの中で起こるいさかいやまちがいを注意する。

4）「小学校後期から中学校まで」──仲間としての交流へ
- 依存からの脱却──自立へ：成長してきた自分の自覚。
- 社会への適応行動の形成期──大人は自分の社会的適応行動を強要しやすくなると言われている。

「世話」を必要として生まれてくる子どもとの暮らしは、若い大人にとっても容易なことではない。生きるという行為をサポートしながら、成長の過程を見守ることで「人間らしさ」について考えることが出来るのも、「大人の発達」の始まりともいえる。

6　大人としての発達：次世代へのつながり──人生の目標

人生を自分らしく統合する──自己統合的認識性とはどういうものだろうか。
1）世代交代の時期におこる「世話される」ものから「世話する」ものへの移行の視点。
　親からの世話を受けなくなり、社会を担うものとしての「自立」という発達の目標が社会と個人との「自己統合」へと導く契機になること

を示している。
2）社会の価値システムへの参加の際には、共同する仲間との親和性が重要であることを知る。
家族における親和性「大人として認め合う」こと、人間の学びの基本が共生的学びであることを再確認させる。節度を持った上での交流であることも重要になる。
3）他者の人生の多様性を認め、相互依存することを認め合いながら参加する中で、「私」の育ちを「社会」の中に位置づけていく。

＊大人になってからの発達は、
1、一人ひとりに「自分なりの人生がある」ことを認めることに土台がおかれる。
2、「共同が必要になっている仲間同士が連携することでの学び」を知る。
3、他者の人生の多様性を認め、お互いに相互依存することを認め合いながら生きる。

7　高齢者の育ち──「私らしい人生の自覚」を捉える
　　──他者との関係の中で、創り・広げる社会──

　70歳を過ぎるころから、多くの高齢者は生活行動や健康に問題が起きると快復が遅いことに気づかされる。生まれてきた孫の世話をすることが出来る「老人」世代は、世話をされることにもなる。わかり合ったり、世話をしたりする相手にも変化が現れる。
　今までどおりでなくとも、心地よく楽しく過ごせるような方策を見つけてみよう。
1）大人としての発達の視点を見出すには、「世話をしてもらえる」ことを喜びとし、共同が必要になっている「仲間同士が連携することでの学び」を知ることである。
2）「人生を自分らしく統合する」ということは、そう簡単には思いつかない。

「仲間との交流のあり方」を広げていくことも大切だ。
3）心身の老化を加速させないためにも、若い頃からの健康を維持することが必要になる。
4）体と心を広げて交流する生活の中では、「私らしい人生の自覚」が見つかりやすい。長年楽しんだ運動や旅を一人で続けるのは難しくなってもくるが、新しい楽しみ方を創り出してみることもよい。

8　まとめ

　第2章では、「仲間と共に育つ人間の発達は、人生における社会的関係の変化と関連させる」という視点を持ち、生涯発達の中では、「子どもの育ちは共に生きる大人との交流による」と考えるようになってきた。
　生涯発達心理学における「大人の発達」を考える新しい視点を見出すための切り口として、まず15歳から25歳ごろまでの「若者の変容」を取り上げてみた。
　「若い大人」になっていく時期には、性行動に関わる身体的成熟がもたらす変化が起こる。親も子ども扱いをしなくなるので、「世話される－世話する」関わりを通して、「私らしい人生」を考えるようになり、世代交代の時期へと成長して行く。

①「大人としての基礎づくり」のためには、言語による思考や内省化を通して創造性や論理性も必要とされることも知る。
②社会の中で暮らすことは、多くの情報や知識を捉えることが必要とされる。「私らしさの自覚」がわかり始めれば、相棒と共に生き、世話を必要としている親としての子どもとの暮らしを始めることになる。
③「世話」を必要として生まれてくる子どもとの暮らしは、若い大人にとっては容易なことではない。成長の過程を見守ることで「人間らしさ」について考えることが出来ることは、「大人の発達」の始まりともいえる。

次世代へのつながり——人生の目標

「人生を自分らしく統合する」ことを目指すことを心がけよう。

大人になってからの発達は「自分なりの人生があること」を認めながら進むことになる。社会を担うものとしての「自立」という発達の目標が、社会と個人との「自己統合」へと導く契機になる。家族における親和性、「大人として認め合う」こと、人間の学びの基本が共生的学びであることを再認識させる。

他者の人生の多様性を認め、相互依存することを認め合いながら参加する中で、「私の育ち」を「社会の中」に位置づけてみる。

高齢者の育ち：「私らしい人生の自覚」を捉える

大人としての発達の視点を見出すには、「世話をしてもらえる」ことを喜びとし、共同することが必要になっている「仲間同士が連携することでの学び」を知ることである。また、心身の老化を加速させないためにも、若いころからの健康を維持することが必要である。

ここで新しい道筋として考えられて来た「生涯発達心理学」では、次のようになっていく。

①大人たちから育てられる子どもたちが成長し、発達していく。

②次世代の大人になっていく経過のあり方を大人と共に知る。

③仲間と共に生きる人生における「私らしい人生の自覚」が持てるようになることを見出すことになっていく。

第 2 部

生涯発達における「学び合い」を考えてきた道のり

はじめに

　第2部は、家族の中で成長する子どもの発達について、1985年頃から考えてきたことについてまとめたものである。

　第1章の「子どもの発達と家庭教育」では、子どもの成長のための家庭における教育の位置づけと子どもの側の発達の課題と親による教育を考え、大人による「家庭での学び」は家族の子どもたちの社会的文化的学習であると考えた。

　第2章では、生まれた時には「ことば」を持たない子どもたちが、親から声をかけられ、共に気持ち良く関わっていくことで、話しことばを獲得していくことから始める。気持ち良かったり泣いたりするのは「内」、声をかけられたり見つめたりするのは「外」と考えて、それを統合化して「ことば」にしていく子どもたち。話しことばが増えてくる2歳過ぎになると、「おかあさん」だけではなく、「私」というものにも関心を持つ……。

　第3章の"社会生活における「学び」を捉える"は、仲間との暮らしである社会生活の中での発達における「学び」である。個性化過程の生涯発達では、仲間からの継承的学びのあり方が作り上げられる。

　最後の章は、「幼児の自発的な文字読みを通してみた継承的学びの始まり」である。継承的学びの始まりとの関連で、自発的な読みの開始を捉える研究も行ってみた。

第 1 章

子どもの発達と家庭教育

　家庭科の保育学を担当することになり、1988年に家政学会から発刊された第5集『子どもの発達と家庭生活』の第3章「子どもの発達と家庭教育」を執筆した。
　ここで関わりがもてる部分として、
　1　家庭教育の位置づけ
　2　子どもの発達課題と家庭教育
　3　家庭での学びと社会的文化的学習
の3項の中に、今回の考えをまとめていく道のりの始まりが見られる。

1　家庭教育の位置づけ

　家庭での生活は、人間にとっての基本的な欲求の充足や感情の安定の場の意味をもつ。親と子との関係は、愛情と信頼に支えられ、依存し保護するという関わりである。その中で、子どもの学びが進行し、人間としての基盤を作り上げていくのである。一方、親は社会生活を営むものでもある。そのために、子どもが将来社会の中で生きていけるようにするには、家庭生活での安定した関係の中で、教育的働きかけをし、自立のための援助をすることが、親の役割であると感じている。
　家庭教育ということばは、こうした親の義務感を刺激する。子どものために何をしてやればよいか、どうすればよいかという構えた気持をつくる。ところが、この意図的な関わり——「教える」だけから考えていくと、子どもの育ちについて見きわめることが難しくなる。その上、そうした構えが、親と

子の双方に緊張を強いる結果になると、温かい人間関係をくずすことにもつながりかねない。

そこで、家庭教育の枠組みを、子どもの学びの視点から捉えてみることを提案したい。親と子との関わりの中で、子どもがどのような学びをするかをきちんと捉えた上で、親の意図的しつけ行動の位置をはっきりさせることをめざすものである。基本的な考え方は、倉橋惣三[1]の言う「家庭教育の教育性」を基盤にして、子どもの学びという点から捉えなおして組み上げ、家庭生活の愛情・保護機能、社会化・教育的機能を位置づけてみた。

> 一つは，家庭に於て我子のために計画的に実行する教育であって，訓戒とか，予習復習の指導とかいふ類のことがこれに当る．一般に，家庭教育に力をつくすといふ時の意味がこれである．その必要なことはいふまでもない．しかし，家庭教育の意味には，もっと別のことがある．
>
> それは，家庭生活そのものの有する教育性である．特に計画的に施行するといふよりもおのづからに，家庭生活から与へられてゆく教育効果である．前の意味に対して，計画的でなく自然的，方法的でなく本質的な家庭教育といってよい．而してこれこそ，我子のために，もっとも意味深いことなのである．

上の文章は、昭和6年に出版された『子供研究講座』の第4巻に、倉橋が書いた「家庭と家庭教育」という論文の第2篇「家庭生活の教育性」の冒頭部分である。

優れた幼児教育実践者の直感が、親が意図的に関わっていないところでの子どもの学びの重要性を、家庭生活の教育性という概念で取り出している。

倉橋は、家庭生活の教育性とは、理想的な家庭ばかりが持つものではなく、どんな家庭の生活にも起こる次の3つの特性が、子どもに対する教育効果を持つのだとしている。

①人間性：家族成員間における人間的感情の交流や、生活していく上での協調性などの家庭生活における人間交渉。

②現実性：人間が社会の中で生きていくために現実適応をどのようにしていくか、生きていくための生活行動の現実感。
　③理想性：家庭生活を営む大人（親）が自らを向上させよう、よりよく生きようと理想を持って努力する態度。

ここでの3項を、現代の発達心理学の知見をもとに、子どもの学びという視点からまとめなおしてみると次のようになる。
　①人間性：ヒトとして生まれ、人間になるためには、人間の間で育てられることが必要である。人間同士が共に暮らす中での感情の交流、意志の伝達、ことば、協同生活を営む上での協力や共に行動することの喜びなど、人間としての基本的行動レパートリーを学ぶ。
　②現実性：人間が生きていくためには、道具を使い、家に住み、食事をするなど基本的な行動が出来なくてはならない。子どもは親のする行動を見ながら、立ち居振る舞い方、道具の扱いを学ぶ。また、社会との関係の中で、役割を担い、他者の役に立つ行動を取らねばならないことを学ぶ。
　③理想性：人間は社会生活をする中で、自分をよりよくしようとする向上心を持つ存在である。自らより高い価値を求めて努力する大人の姿を通して、向上を目指す喜びを知る。

この3つの柱を、すぐに子どもの学びと結びつけることは難しいが、子どもが人間として育つための学びの場が親の意図の有無を越えて存在していることがわかる。

2　子どもの発達課題と家庭教育

　子どもの発達の様相を、社会的関わりの中での自我の形成という観点から捉え、精神分析の概念を柱にした発達段階説を示したのがエリクソン[2]で

表2 子どもの発達課題と家庭教育のテーマの推移（1988年より）

期（年齢）	エリクソンの心理・社会的危機	主たる発達課題	家庭教育のテーマ	大人の役割
乳児期（0〜1）	信頼 対 不信	● 生理的安定 ● 人との情緒的交流 ● 固形食・歩行の学習	かわいがる	受容（保護者） 共感（仲間）
幼児前期（2〜3）	自律 対 恥・疑惑	● 排泄の学習・食事の自立 ● 基本的生活行動 ● 話すこと、ものの名前（概念）	しつける	行動見本（仲間） 善悪の判断（先達）
幼児後期（3〜6）	主導性 対 罪悪感	● 友達との人間関係 ● 自我の確立・知識の拡大 ● 善悪の区別・良心の学習	仲間遊びさせる	安全基地（保護者） ともに楽しむ（仲間）
学童期（6〜12）	勤勉感 対 劣等感	● 個人的独立の達成 ● 適切な社会的役割の学習 ● 集団や制度に対する態度	手伝わせる	行動への参加（仲間） 労働の指導（先達）
思春期（12〜18）	自己同一性 対 同一性拡散	● 両親や大人からの情緒的独立 ● 両性の友人との人間関係 ● 行動を導く価値観の形成	見守る	不安の理解（仲間・保護者） 将来への見通し（先達）
成人初期（18〜25）	親密 対 孤立	● 社会的役割の達成 ● 市民としての知識・価値観 ● 結婚と職業生活	認める	一人前扱いする 話し合う

ある。彼は各段階において克服せねばならない自我形成のための心理社会的危機があるとする。その危機の克服は家庭を中心とした人間行動の中で学ばれるものである。

一方、ハヴィガースト[3]は、人間が発達していく上で、ある特定の時期までに学習しておかねばならない行動を発達課題として取り上げている。こうした、発達に伴って達成されるべき学びに、大人はどのように関わり、手を貸すことが出来るかを考えると、それぞれの時期に重要な役割というものが見えてくる。前頁の表2はエリクソンの発達段階を一つのよりどころにしながら、各段階において達成すべき課題と、その時期の家庭教育のテーマとも言うべき、親の役割を示したものである。

以下、思春期までの各期の特徴を述べておこう。

（1）乳児期（信頼性の獲得——かわいがる）

乳児は、生活と生命のすべてを大人に依存し、大人からの愛情と保護を必要としている。自分の身体の生理的バランスの崩れさえ自分では回復させえないこの時期に、生理的安定を供給してくれる養育行動と、そのふれあいの際になされる表情や語りかけなどが、人間としての、生きていくために必要な人間への基本的信頼感を形成する。

一方、乳児期におけるめざましい発達は、親としての自覚を促し、「這えば立て、立てば歩めの親心」という心情を形成する働きを持つ。

「固形食をとる－離乳する」のもこの時期の目標の一つである。食べさせてもらうにしろ、一人前の食事が出来るようになることは、大人との仲間感をつくる。精神的安定と人との関わりの豊かな乳児は、話すというもう一つの目標への歩みを着実に進める。そして、歩行の完成への道と共に、生活の場における学びを豊かに広げていくのである。

この時期における教育的機能の基本は、愛と受容である。動きまわるようになった子どもの行動でも禁止されることは少なく、危険回避の手続きがとられるのが普通である。「まだ聞きわけは出来ない」と考えられているためでもあるが、こうした全面受容の中で、子どもは自らの活動レパートリーを

増加させ、大人の生活行動を模倣することを通して学びを拡大していく。

(2) 幼児期前期（自律性の獲得－しつける）

　歩行もしっかりとし、食事も大人と共に出来、おしゃべりもわかるようになった子どもは、一つの関所へとさしかかる。大人の側が一人前にすることへの見通しを立て始めるからである。いままでのようにしたい放題にはさせておかない。してはいけないことをすると叱られる。食事の時でも、遊びの時でも、認めてもらえる行動とそうでないものがある。

　一方で、排泄のしつけが行われる。おしっこが出るときの感じ、おしっこがたまっている感じをつかまえなくてはならない。この排泄訓練のやり方や、成功・失敗は、この時期の親の中心的関心事である。この経験は、子どもに新しい世界を提供する。いままでは、自分はすべて母の世界に属していたような気がしていたのに、おしっこのことになると母親はわからず、自分だけがわかるのだということに気づくのである。

　この大発見は、子どもに自信をつけさせる。まだおむつが取れなくとも、大人にやってもらっていることで気に入らないことがあると、自分を主張する。食事のときの動作、衣服や靴の脱着、おもちゃの操作など、何でも自分の思うように自分でしたがる。

　この時期の親は、一方で、子どもに社会生活の基礎としての行動をしつけることが求められる。生活のための基本的動作が、周囲の人々との調和の中で確実に出来るようにしてやりたいと思う。しかし、子どもに自分でやらせると行儀よくいかないし、時間がかかる（親の見通しと子どもの受容とのずれ）。ここが我慢のしどころである。大人が手を出してしまっては、子どものせっかくの自律性を損うことになる。子どものやりたいようにさせて、なおかつ社会的に許容できるには、生活全体を子どものペースに合わせ、大人も共に行動することが大切になる。先達としての大人が自分の生活に根ざした価値に基づいて行動の規範やことの善悪についてきちんと示すことが必要となるのである。大人が自律性を認めてくれていることがわかれば、自分の知らない状況で大人がする判断に、子どもは従う

ものである。

　また、この頃の子どもはたくさんのおしゃべりをするようになってくる。わけのわからない時があっても、十分に付き合い、大人の側の都合もついでに説明してあげるといい。遠くから、「早くしなさい」「だめ、だめ」と叫んでいるばかりでは、豊かな育ちは望めない。

（3）幼児期後期（主導感の獲得－仲間遊びをさせる）

　子どもは、小さいころから自分と同じくらいの年齢の子どもに興味を示す。一緒にいると相手をじっと見つめたり、声をかけたり、手を出したりという積極的な活動がみられる。しかし、相手の反応は、大人のように自分を受容してくれた上でのものではないので、泣かれたり、拒否されたりしてしまい、長い間関わりを続けることが出来なかったのである。

　2歳後半から3歳ぐらいになると、自分の行動に自信がつくこと、ことばも話せるようになることから、子ども同士の関わりも少しずつうまくいくようになる。親が先達としての関わりを持つようになってきているので、同じ仲間としての行動を友だちの中に求めるのかもしれない。子ども同士の関わりをスムーズに運ぶには、大人との時とは別のやり方が出来なくてはいけない。自分の行動を統制するという我慢をしてでも、仲間として受け入れてもらえるようにしなくてはならないからである。友だちとの遊びが楽しいものであればあるほど、こうした努力が自然に出来るし、その効果が大きいことがわかる。

　幼児期後期の子どもたちにとって、友だちとの遊びは、たくさんの行動レパートリーを増やし、仲間の中の自分を発見し、仲間との人間関係のつなぎ方をも覚える大切な学びの場である。仲間遊びの中で自分の力を感じ取り、主導感を獲得することが出来る。

　大人は、子どもが集団で仲間遊びが出来る機会を作ってあげることが必要になる。近隣に似たような年齢の子がいれば、外遊びがその機会となる。仲間遊びを豊かにしてあげるには、仲間となっている子どもたちのすべてに自分の子と同じような愛情で接することが肝要である。そのためには、大人同

士のつきあいも広げておかねばならない。幼稚園や保育所などの集団の場は、現代の子どもたちにとってかけがえのない仲間遊びの機会である。

　この時期の子どもは、知識が飛躍的に拡大し、自らの力で世の中を知ろうとする好奇心にあふれている。しかし、その発想は大人のものとは大きくずれていることが多い。子どもとのおしゃべりの中で、子どもの発想を楽しみながら共に考えることが、子どもの考えを整理する方向へ向かわせると共に自らの学びに自信をつけることにつながる。

（4）学童期（勤勉感の獲得－手伝わせる）

　仲間遊びの中で、子どもたちはやりたいことを完成させるには努力しなくてはいけないことを学ぶ。そして、自ら努力して学ぶことによって、たくさんのことを知り、出来るようになることがわかる。学校という教育組織の中で十分に活動できるのはこのためである。

　子どもの活動が学校を中心として展開するようになっても、家庭での学びの役割が減ずることはない。家での生活の中で仕事を分担し、家族の一員としての責任をこなすことを覚えていかねばならない。そのためには、家庭生活の中での労働を手伝わせ、少しずつ自分ひとりで出来るように指導していくという大人の態度が必要となる。

　自分の身のまわりのものの管理、掃除などから始まって、食事の準備や家の中の道具の使い方など学ばねばならないことは多い。この時期、両親の労働の姿が、子どもの目の前にあることが重要である。自分が働く（労働する）ことが他人（大人－親）の役に立つことであり、大人の世界に近づくことであると実感できれば、学びは有効なものとなる。家業の手伝いなども少しずつ導入する時期でもある。

　ところが、現代の子どもにとって、家庭内の労働が自分の暮らしと結び付いた実感となっていないことが多い。子どもの家庭での役割が、勉強をして親を安心させることになってしまってはいないか。勉強も学びではあるが、この時期の子どもにとって、その成果が現実の世界で人の役に立つかどうかの実感が持てない。大人は家庭生活の先達として、子どもと共に暮

らすための労働について考え、それを分かち合うために自らも工夫していかねばなるまい。

（5）思春期　（自我同一性の獲得――見守る）
　第二次性徴を迎え、身体的成熟が大人へと進む思春期は、大人に近づくことへのあこがれと期待を持ちながら、一方では大人になることへの不安が高まる、揺れの大きい時期である。今までは保護者として一方的に頼っていた親をひとりの大人として見つめるようになると、必ずしも立派でない部分が目につき、反抗的になる。この大きな変化を親が十分に理解しなければならない。自分も一度は通った道――親離れの第一歩を踏み出すための「もがき」の姿なのであるから。
　この時期には、将来の進路を決めたりしなくてはならなくなる。親はいままで元気に努力してきた子どもの姿が変化することが不安になり、うるさく口出しすることが多い。異性に関する興味も芽生え、友だち関係の質も違ってくるので心配の種が尽きない。異性交友や夜遊びなど新しい局面についてのしつけはきちんとしなくてはならないが、他の面での介入はほとんど効果がない。大人の仲間入りをする前段階なのだと、見通しを持ってじっくりと見守れれば、子どもたちは人生の先輩としての親の意見に耳を傾けてくれる。
　成人式を迎えても、独立した生活を営むまでは、それなりの家庭の教育的働きかけがあるが、それはもはや自立した個人同士の相互的関係となる。

　これまでに示した発達段階に沿った家庭教育のテーマは、その時期だけに特有のものというわけではない。発達の各段階の中で大人がいちばん気を付けて心がけなければいけないことであり、その達成には、（1）から（5）の時期までのテーマが十分に浸透していることが条件になる。

　現代の家庭教育は、幼稚園や保育所、学校という家庭外における教育との関連なしには語れなくなっている。けれども、人間としての生活を営んでいくための基本を学ぶのは何といっても家庭内の人々からであることを忘れて

はならない。学校で学ぶ社会的文化的知識も、人間としての学びの土台があってこそ生きるのである。

3　家庭での学びと社会的文化的学習

　人間は共同して社会を営んでいる。家庭も小さい社会であるが、より大きなシステムとしての社会の一員として責任ある行動がとれるように準備する役割を担っている。この社会化の機能は、社会そのものが自らの構成員の育成のために作り上げた制度を通してもなされる。

　人間社会は、ことばを使い、記録を残してきたことによって、歴史と文化を作り上げてきた。人間の文化を学び、将来を担えるだけの知識を身に付けさせるのも家庭の役割、大人の責務である。しかし、社会が複雑化し、学習すべき知識が広範なものになった現代においては、その学習は家庭だけでは手に負えなくなり、社会が制度としての教育を行うようになった。これが学校と言われるものである。

　学校を中心とした社会における学習のシステムへの参加は、文化の学習の機会を増大させるものではあるが、家庭から文化の学習の機能を奪うもの（肩代わりするもの）ではないはずだ。ここでは、社会的文化的学びに対する家庭の役割について考えておきたい。

（１）家庭の中での文化的学習

　家庭の基盤が学ばれる文化的学習の最大のものは、日本語の習得である。人間の子どもは、ことばを学ぶための能力をもって生まれると言われる。日本に生まれ、日本語を学ぶことは、日本の文化を学ぶ土台となる。ものの見方、事象への命名の仕方、対人関係の捉え方など、ことばはさまざまな文化的規範を映し出している。子どもは、親の話す日本語を通して、日本人としてのものの見方を学んでいくのである。

　ことばを媒介にしながら学ばれる基本的生活習慣もまた、日本の文化の学習である。はしの使い方、うどんのすすり方、といった動作に関わることか

ら目上と目下の使い分け、内と外での態度の違いなどの人間関係に関することまで、すべて日本の文化を形成するものである。性役割や、善悪判断の基準などの価値も、深く文化に根ざしている。

　もう少し意識された文化的学習には、玩具や絵本、お話などの児童文化財との接触によるものがある。子どもの年齢に合わせて、おもちゃを与えて遊ばせる、お話をして聞かせる、絵本をはさんで親子が楽しく語り合いをするなどは、大人からの文化の伝達の場である。文字積木、折り紙、わらべうた、昔話、各種の子ども向け絵本などは、日本の文化に特有のものである。こうした中から文字を覚えるための芽も育ってくる。

　これらの文化の伝え手は、意識的なものであろうとなかろうと、一緒に暮らす大人である。このような形での文化の伝達は、長い間続けられてきたのである。ところが、現代では、大人の直接的媒介を経ない文化的学習が、家庭の中で行われるようになっている。テレビ（ラジオもだが）から流れる情報による学びがそれである。

　子どもは、大人と一緒のテレビ番組も見る。私たちは、子どもがテレビからどのような学びをするのかをはっきりとはつかんでいない。わかっていることは、テレビの見方、テレビとのつき合い方を、大人が教えることが出来ることである。映像の理解は、大人との話の中で確かなものになる。1日のうちに、どんな時間帯の番組が楽しく見られるかをコントロールする仕方を教えるのも親の役割であろう。

　もう一つ忘れてならないものとして、大人としての行動や役割の学習がある。子どもは自分が大人になっていく存在であることに徐々に気づいていく。その目標である大人として一番身近にいるのが両親である。社会人としての中心的役割である、職業人としての親の姿をきちんと子どもに見せられる親は少なくなっているかもしれないが、大人になるとはどんなことなのかは伝える必要がある。性役割行動の影にかくれてしまいがちであるが、身辺生活の自立のための生活技術の習得、他人を思いやる心、弱い者に力を貸す力、他人や社会のために役に立てる労働が出来ることなどを、家庭の中で親と共

に力を出し合いながら、学ばせることが大切である。自分が一歩一歩大人に近づいていることに誇りを持っていけるようにするためにも、役に立って喜ばれる経験をさせてやりたい。それは、社会の中で仲間と共に生きるために、親がどのように協力し、助け合っているかを示すことにも通じていくはずである。公共心や性道徳などの必要性は、徳目として学習したのでは身に付かない。家庭の中での親の行動を通して伝えていくべき事柄なのである。

（2）家庭の外での学びを支える親の役割
1）地域子ども集団における学び

子どもは仲間遊びの中で、たくさんのことを学ぶ。それは親が代わってやれないものである。子どもの活動性が広がる2歳過ぎころから少しずつ外遊びを多くし、近所の子ども集団に入れてもらえるように配慮する必要がある。

子ども同士が自由に楽しく遊べる場を保障し、時として遠くから見守るのも大人の役割である。そのためには、地域社会における人間関係を豊かにしておかなければならないし、他人の子も自分の子と同じように受け入れようとする心がけが大切になる。

一方、子どもの外での学びは、いつも楽しいことばかりとは限らない。いろいろな子がおり、異なる価値と欲求を持つ。そのためのいざこざもある。子どもが親に助けを求めてくるのは、主に外での緊張から逃れて、安心したいためである。そんな時、親が子ども集団に介入するのは望ましくない。家で少し休んでなぐさめてもらい、生気を取り戻せば、再び仲間集団へと戻っていく。いじめっ子対策は、その子もろともかわいがることしかない。

2）幼稚園や保育所のこと

今の子どもたちにとっての園生活は、仲間遊びが楽しく出来る場として重要なのである。遊び相手になってくれる地域のお兄ちゃんやお姉ちゃんがいなくなった子どもたちにとって、その代わりをしてくれ、楽しい遊びを知らせてくれるのが保育者なのである。子どもたちの自由な遊びを保障

し、手助けしながら多くの児童文化財との出会いを作ってくれる保育が望ましい。

　幼児教育機関は、親の理解を求めている。保育者と一緒になって、今の子どもたちにとってどんな暮らしが大切なのかを考えていってほしい。

　3）学校生活と家庭生活
　小学校入学以後、子どもの生活の中で学校生活の占める位置は、だんだん大きくなる。学校では、教室で勉強することが中心であるが、友だちとの楽しい交わりの場という面も大きい。学習活動でさえもよい仲間集団の中では生き生きと繰り広げられる。学校は、集団生活の場であることを通して、社会という集団の中で生きるための規範を学ぶところにもなっている。個人としての生活行動の自立、責任感、公共心、思いやり、協力性など多くの事柄を学ぶのだが、それらは集団に対しての共通項として示されて指導されるにすぎない。学校での指導の中心は、人間の文化の担い手になるための知識を、一人ひとりのものとして確実に身に付けさせることである。

　このような集団生活を始めた子どもたちを、家庭ではどのように支えればよいのであろうか。子どもにとっては、所属する集団が2つになることの緊張感もあるはずである。
　第1には、学校という集団の中でも、個人としての自信が持てるように応援することである。直接的には、求められている行動がひとりでは十分に出来ない時に、出来るように援助することも含まれる。しかし、一番大切なことは、集団では、one of them として、相対的価値の中でしか認めてもらえない子どもに対して、ひとりとしての価値（個人の中に育っている良さ）を認めることである。育ちを共にしてきた親は、どんな時でも子どもの味方であり続けることを上手に伝えてあげたい。
　第2には、学校での生活態度（特に学習面）の形成のために学校と協力することである。文化の担い手になるべき子どもの学びをしっかりとしたものにするには、日常の生活の中に生かしていかなければならない

ことがある。これは家庭での学びに委ねられる。家庭での学習の内容は、子どもの成長に伴ってどんどん拡大し、親も顔負けという事態も出てこよう。

　親の協力は、勉強を見、学校での成績をよくする援助をすることなのではなく、学んだ意味を大人になる過程の実生活の中で確認させることにある。

第 2 章

言語系システムの生涯発達モデルの構造
――生涯発達における学びの多様性と個性化の過程――

　人間は人と人との交わりの手段として「ことば」を発明し、育て上げてきた。
　ことばの発明は、人と人との交わりの中での何らかの必然によって積み上げられてきたと考えられる。その必然の一つが「新しい命として生まれた赤ちゃんは、育ててくれる大人との暮らし（環境）の中にあることばに気付き、自分のものにしていくということ」なのである。ことばは、人間という種が持ち合わせている内的なシステムによって生み出されていくものであると同時に、外にある共有のシステムであり、個々人が自分のものとして利用可能にしていくものでもある。
　ことばの獲得についての議論では、人間に内在するシステムを土台にしてなされるのだとするチョムスキー[1]に代表される立場と、学習によって後天的に獲得されるとするスキナー[2]に代表される立場とが対立している。しかし、ヴィゴツキー[3]が言うように、外のシステムの内在化の過程を経過するものと考えれば、両者を統合することが出来る。そこには（どのような形式を持つものかは確定できていないが）、言語系の発達を「内的なシステムを土台にして、外在するシステムの取り入れを経て、自分のものとして利用可能な完成態に至る」移行過程（内と外との統合化）として捉える視点が生まれる。人間は生命を持つ個体ではあるが、社会の一員として社会が共有するシステムを自分のものとして取り入れていかねばならない存在でもある。
　内的状態による表現が外のシステムによって取り入れられることや、自分らしさの自覚が生まれる意志決定の場では、判断という思考過程もそれに利用される情報も言語系のシステムを用いて行われる。どのようなシステムが

利用可能になっているかによって、意志決定（解決）の仕方に違いが出ることも考えられる。

ここで言う言語系のシステムとは、単にことばが話せるというだけではなく、思考の道具として、人類の文化遺産である知識の継承と発展を可能にするものとして捉えておかねばならない。話しことばの獲得を説明するために考え出された「内と外との統合化」という発達の視点が、もっと高次の言語系システムの獲得にも拡張できるものであれば、生涯発達モデルの基盤とすることが出来る。

内と外との統合化過程としての言語系システムの生涯発達モデル

内と外との統合化過程として、発達、特に言語系システムの発達を捉えてみたいと考える契機になったのは、岡本夏木の議論（岡本 1982、1985）に接したことにある。

人間のことばは、その表示対象と〈意味づける〉という象徴作用によって結びつけられたシンボルである。岡本（1982）は、人間のことばが、シンボルとして一人ひとりの意味づけ作用によって獲得されていく場には、共に暮らす大人との情動の共有と、行動を通しての分かり合いによる〈くびき〉[4]がしつらえられているという。

そして、人間の認識の道具となりうるシンボルとしてのことばの獲得は、共に生きるもの同士の情動的サイン性の成立と、行動を通しての意味づけの共有である行動的サイン性という2つの協約性の層を土台に持ちながら、それぞれの〈くびき〉からは独立させたものとしても、ことばを用いることが出来るようになる多層性を持つモデルを提案している。

また、「ことばが、その公共性において〈外なることば〉として機能しうるとともに、その〈私〉性において〈内なることば〉として機能しうるというまさにこのことにおいて、ことばは個人と社会をつなぐ点に位置するのである」と述べ、〈認識と行動（情動も含めて）〉〈自己と他者〉、〈内と外〉の問題へのつながりを示唆している。さらに〈一次的ことば〉と〈二次的ことば〉

という概念も提出されている（岡本1985）。概念的認識のための、非現前、非現実な事象についての知識や思考、それに基づく判断を可能にする二次的ことばは、他者一般という社会的共有性に属するものでもあるとしている。
　＊話しことばの基本は3歳期までではほぼ獲得される。
　　それなら4歳を二次的ことばの獲得に向かって出発する時と考えられないか。
　＊話しことばは、大人との共生の中で生まれ学ばれるとしたら、二次的ことばの習得は、自分の生活する社会のシステムを自分のものとして継承していこうとする働きかけによってなされるのではないか。
　このような視点に立って、これまでの岡本の議論を組み立て直し、「内と外との統合化の過程としてのことばに関わる認識システム」の発達的多様化を考慮しながら、発達モデルが考えられた。

　「内と外との統合化の過程としてのことばに関わる認識システムの発達的多様化」としてまとめてみたのが、6頁の図1（第1部第2章「大人の発達を記述する」45頁にも掲載）である。
　大きな構造は、第Ⅰ期の話しことばの獲得まで、第Ⅱ期の書きことばを学ぶことでの認識の展開、第Ⅲ期は人間としての認識の発達の多様化とし、各時期に内と外との統合化が認識の発達につながると捉えてみた。
　この発達の展開を、乳幼児期から児童・青年期そして大人としての時期の成熟と移っていく年齢を考慮してみたのが2歳を起点とする2のn乗（44頁参照）である。年齢による発達には個人差が大きいので、大枠の流れとして考えておくことにした。

第Ⅰ期　話しことば獲得の道のり

　話しことばの獲得過程についての最近の研究では、ことばの習得は人として、もって生まれた資質を土台とした養育者との情緒的交流を通して行われると説明されている。
　岡本が「情動的サイン性」と呼んだ交流を、子どもの内なる要求に根ざしたものと考えることが出来る。この内なる要求の実現は、初めは外とは感じ

られないほどに一体化された体系の中で起こる。身体の不安定から生じる情動のはけ口としての泣き声に応答してくれる相手は自分の世界の一部であり、安心の源でもある。この時期は「養育者との共感による交流」が土台となる。

　養育者との安定した交流の基盤が出来ると、外なる世界への行動（立って歩ける、手足を自由に動かす）が開始される。そこでは、養育者との分かり合いのための意味づけが「行動的サイン性」として共有される。

　ピアジェが観察した感覚運動期の子どもの探索行動は、この時期の特徴をよくつかんでいる。探索行動と大人との交流によって蓄えられた知識は、発声の統制という技能と結び付くことによって、話しことばとして交流可能なものになる。「感覚運動的知能をもとにした意味付け」が盛んになるのである。

　この時までに養育者（大人）は自分の意志を伝える相手として認知されるようになっている。そして、〈ものにはそれを呼ぶ名前がある〉ことがわかったり、〈ふり〉や〈つもり〉について話したりという認識の道具としてことばを使う行動が、大人とのことばの生活の中で見られるようになる。

　このように、話しことばの獲得は生理的要求の受け入れ、情動の共有という内的過程の充足に基盤をおいて開始され、生活する環境への積極的行動による意味の世界の拡大を背景として完成される。内と外との統合化の過程の始まりともみなせる。表面的には認識の道具としてことばが使えるようになっても、ことばそのものが情動的くびきと行動的くびきを持つものは「文脈依存的に使用されている」のである。

　何よりも情動的安定をもとにした積極的行動の保障と共感がなければ、ことばが成立しないことに留意しなくてはならない。

第Ⅱ期　書きことばを学ぶことから拡がる認識

　書きことばは、話しことばを土台として習得される、社会が共有してきた歴史や文化、知識の継承と発展のためのことばのシステムである。必ずしも文字を用いた表記を利用したものに限らないので、二次的ことばという方が適切かもしれない。

1)「自分に自分のことばを用いる「内的表象性」が使えるようになる」
　2歳前後にみられる「大人とのやりとりが出来ると同時に、思いが伝わらない」ということが起こる。自分勝手なわがまま、「自分の主張」は誰にでも理解されるわけではない。それほどことばの組み立ての内言化が進んでくるとも言えるが、新しい場面に直面する。
　ことばとしての性質が異なるのではないが、そこには共に暮らす人との情緒的交流の場にあった文脈的援助はない。大人にとってみれば、従うべき規則や理解すべき構造を持ったものとして既に出来上がっているものである。子どもたちはことばを用いた認識のあり方だけを道具として、この世界に踏み込んでいかなければならない。

　親しい人たちとのコミュニケーションの道具として学ばれてきた話しことばが、認識の道具となる過程については、ヴィゴツキーが理論化している。他者に向けられ、音声を伴った話しことば（外言）が、自分自身に向けられた音声を伴わないものへと変化していくことを内言化と呼ぶ。自分の内なる世界で自分自身に向けた話しことばが、そのまま思考の道具として機能していくかどうかには議論の余地が残されているが、ここではそのことには立ち入らない。それよりも、ことばで内的な世界を作るようになる契機として、子どもがこれまで一体だと感じていた大人が、自分の欲求の実現に組しなくなるばかりでなく、対立することさえあることに直面したり、他の人には分からなくても自分だけがわかっていることがあることに気づくことを重視したい。
　話しことばを獲得した子どもたちの知識は急激に増加し、言いたいことがどんどん増える。それなのに、大人は分かってくれないこともある。そんな時、ことばは自分自身へと向けられ、想像の翼を広げる。たくさんのことばを覚えると同時に発明もする。ごっこ遊び、ふり遊び、作り話、うそ、ほんとうの世界にはなくとも自分だけがことばで実感できることを知る喜びの現れである。

2)「生活の中の話し合いを通して規則や規範があることに注目する」

ことばで自分の世界を持てることに気づいた子どもたちは、外のことばの世界の探検に出かける。それは、ちょうど生活行動の上でも親から離れ、友達との遊びが楽しくなる時と一致する。各々が自分の思いを伝えようとしてもうまく伝わらなかったり、知らないことがたくさんあることに気づいた時、共有のシステムとしてのことばの世界がもつ規則性に着目して、自分の力で知識を構成しはじめる。

　この時のやり方は自分勝手なものであることも多いので、大人には妙な〈こだわり〉と映ることがある。4歳児期に見られるこだわりが5歳になると減少するのは、外のシステムの取り入れに習熟するためであろう。

　岡本（1985）は、話しことばを習得した後のこの2つの時期を、〈ことばの生活化〉の時期と呼んで一括して説明している。確かに、子どもたちが生活の中で積極的にことばを使いながら、ことばの用法や知識を学習しているという点からは同じに見える。しかし、外のシステムの取り入れという視点を導入しておかないと、内と外との統合としての書きことばの習得への道を説明することが出来ない。

　書きことばの習得は文字を学習するずっと以前、ことばで世界を創り出せることに気づいた時に始まる。自分の考えをことばを使って記録したり、ことばで記述された内容を理解していくことの大切さを知るようになる。そして、話しことばが発声の統制という技能によって完成に至ったのと同様に、文字によることばの伝達についての知識、読むこと、書くことなどの技能が書きことばの獲得に完成を導くのである。

3）「学校教育が育てる概念的認識性」

　書きことばの習熟は、私たちが住んでいる文化において共有されている概念や知識、思考方法の習熟をも意味する。人間が作り上げてきた知識の拡大のためには、さらなることばの世界を作り上げる必要がある。学校教育はそのためのシステムである。日常生活でのことばは、この段階のものでほぼ十分であるのだが、ことばはさらなる発展を可能にしている。

第Ⅲ期　ことばによる世界の展開

　書きことばに習熟し、言語を思考の道具として利用可能になることは、人間社会の一員として適応していくための個人の努力の結果である。第Ⅰ期がことばを準備するという内的要素が強い時期であったのに対し、第Ⅱ期は外への適応を目指した時期と言えよう。となると、大きな意味で第Ⅲ期は統合の時期にあたるはずである。それは、ことばという道具を自由に使いこなした人間に開けた世界と考えることが出来る。

1）「思考の深化と内省化－論理的認識性」

　この時期の初めに対応すると考えられるのがピアジェのいう形式的操作期[5]である。思考がことばを媒介にして組み立てられるようになっても、その利用範囲が具体的な知識のレベルにとどまっているのが具体的操作期であるのに対し、抽象的な記号の使用や、複雑な論理に基づく思考が可能になるのが形式的操作期である。ことばは具体的な生活のレベルを離れて、記号と論理の世界を創り出す。それは、科学技術の進歩をもたらした原動力となったが、自分に向けられた世界にも及ぶはずである。

2）「社会という外的枠組みへの位置づけ──社会歴史的認識性」

　それは、人間の存在そのものを問う哲学的認識、歴史や文化、社会の中で生きているという認識などである。社会の一員としての役割をこなしながら世代交代の時期に入る。異性との交際、恋愛、性行為といった生殖のための相互作用が、自分の価値観と社会からの要請とのバランスの上に成立する。共に暮らす相手との関係を安定的なものにするためには、一人だけではなくなった人生が新たな認識の土台となっていく。

　さらに、子どもが生まれるともう一つの変化が起きる。子どもとの共生的相互作用を維持する経験である。親が世話をしなければ生きていかれない命が、情動に訴えて関わってくる。この外からの強制力にうまく対応していける実感が新しい認識を生むのである。

　この時期の親としての、相互作用を通しての学びがしっかりとしたものに

なるかどうかには、かなりの個人差がある。それでも、誰もが親として社会を動かす中核として行動するようになる。そして自覚的な思考の「自分の人生を考える－自己統合的認識性」が生まれる。

3）「世代交代から人生の終末への準備へ－自己統合的歴史認識」

世代交代は、次世代が成熟し、交代の準備が出来ることによって完成に至る。この時期は自分の体の老化に気付かされることと重なる。家庭での社会的相互作用の質が、親と子で同格の関係になっていく。子どもの前に自分の人生をさらけだすことにもなる。このことが、自分の社会認識を自分自身の価値観を軸にしたものにしていく契機にもなるので、自己統合的社会認識と捉えてみたい。

このように、言語系システムの発達を、内と外との統合化過程を経て進行する3つのステップとして捉えることが出来る。ある個人にとって、話しことばと書きことばという2つのシステムの習熟は、それを用いた思考を可能にする。それは、2つのシステムを支える重層的構造のすべての局面が利用されることを意味する。発達に伴って、言語と思考はこの重層構造を利用した多様な学びが出来ることなのである。

人生の最後の時期をどのように過ごすかは、個性の完成の姿である。自分なりの人生が満足できるようにしていく時でもある一方、死ぬまでの時間がそう長くはないこともわかっている。自分の人生を語れる相手があれば、歴史の一こまであったことを自分の経験を通して伝えることが出来る。これを自己統合的歴史認識と呼びたい。

人生の最終段階は個性化の完成に向かう。孔子[6]のように「70歳で自分の思う通りにしても規範から外れることがなくなる」人もあるが、外からの要請があるうちは自分を曲げていることが多い。そのために、自分らしさの自覚が不明確になっている場合がある。人生の終わりに近づき外からの要請が少なくなると、自分らしさの世界がはっきりと見えてくる。一人ひとりが自分の個性に向き合うのである。

第3章

社会生活における「学び」を捉える
―個性化の過程としての生涯発達―

　「生涯発達」ということばには、人間は人生の後半期においても発達し続ける存在であることを印象づけたいという意味合いが強く感じられる。しかし、歳を重ねることが新しい学習を阻害する直接の要因というわけではなくとも、老化と呼ばれる行動の負の側面がなくなるわけではない。人間は次の世代へと命と文化を引き継いだあとに、徐々に老化を経験し、最終の機能停止である死を迎えるのである。それでも、老化ばかりではないことを捉えておこうとするのは、寿命がのび、老人として生きる人たちが多くなるにしたがい、加齢に伴う変化をそれぞれの人生の軌跡に沿って理解することの重要性が認識され出したためである。

　人間として生きている以上、なんらかの意味で自分の価値を認めていたい。いつまでも新しい学びが出来ることが大切な人もあれば、別の意味での生きる価値を見出す人もある。

　生涯発達とは、「生涯を通じた変化の過程として」人間の発達を全体的に捉えようとする見方のことである。これまでの発達心理学が、それぞれの年代に特有の問題を扱ってきたのに対し、生涯を通じて変化していくものに目が向けられてきたのである。

　その一つに、誰しもが人生の中で培っていっている「生活における知恵」がある。抽象的な情報の処理レベル（知性）がどのように獲得されていくのかという発達も重要ではあるが、具体的で安定した知恵が生活を豊かにしていることの大切さにも焦点があてられている。

　このように生涯発達には、個人の側に重点をおいて人生の軌跡や個性化を

捉えるだけではなく、人間をその生活する場全体の文脈の中で捉えようとする視点が含まれてくる。個々の人生を個性化の過程として考えようとする時には、その人がどの様な暮し（人々との関わりの中での生活）を送ってきたかが重要になるという必然の結果であるとも言える。

　人間は人との関わりの中で生涯を送るという意味での「社会的存在」である。有能ではあるが無力な状態で生まれてくる赤ちゃんは、大人の保護と養育という関わりの中でめざましい発達を遂げることが知られている。
　人間の発達を個人だけの変化だけに注目するのではなく、他者との関わりの中から理解することは、発達心理学の常道になってきている。ところが、この関わりの中に、育てる側の大人にどんな変化——発達——を引き起こす契機が生まれているかは明らかにされてきていない。また、加齢による老化について理解する時には、老人にとっての関係が考慮されていないことが多い。それは、これまでの発達心理学が、社会を担う立場にある大人からの視点で、育てたり、介護したりする対象としての子どもや老人の行動を理解しようとしてきたためであると言ってよいだろう。つまり、自分たちの社会にとって必要な子どもの発達についての知識、老人の加齢による行動変容についての知識が求められていたのである。
　人生は一人ひとりのものであることが忘れられていたわけではない。悩みを訴えたり、問題行動を起こしている人たちを理解するためには、それぞれの個人についての情報が利用されてきた。しかし、そこで用いられてきた知識の多くは、個人を発達によって作り上げられたある特性（性格や知能）を持つものと捉え、その個人差の現れとして説明しようとするものであった。個々の人生の問題は、その場にいる人々との関係のあり方、当事者がその関係をどのようなものとして意味づけているのかという問題である。これまでは意味を作り出す主体としての個人の特性が大きく取り上げられ過ぎていたのだとも言える。

　筆者は、人々との関係の中での、認め合いの土台として、「その人らしさ」

としての個性を捉えることを出発点とした。個性化とは、発達の過程で生じるたくさんの学びの機会を通して自分らしさを自覚することであり、それに自信をもって新たな学びを迎えられるようになることである（高木、1993）。人生の中での人と人との関わり方、社会生活を送る中で出会ういろいろな学びの姿を、個性化の完成過程に位置づけて考えてみたい。

1　発達における「学び」を仲間との暮らし（社会生活）の中で捉える

　発達は、生物としての成長を土台とする成熟と、生まれてからの経験に基づく学習の結果として引き起こされるというのが、心理学における長い間の一般的な捉え方であった。この捉え方は、生物としての完成態にいたる過程としての変化に目を向け、世代交代の後に続く老化をマイナスの変化として考える視点が内包されていたことと、成熟や学習を変化のメカニズムとしてだけ捉え、その結果についての議論に踏み込んでいないことに特徴がある。つまり、何が発達するのかについては、人間としての完成態（到達点）を最終目標とすることが暗黙のうちに了解されているだけで、それはどんなものなのかについては語られてこなかったのである。

　しかし、この暗黙の了解にメスを入れようとする動きがある。一つは、何が発達するのかについて、人間にだけ可能な論理的思考操作の生成であると明瞭に主張したピアジェの理論に対抗しようという人々によって（ケッセン、1988）、もう一つは、生涯発達の視点を導入したことによって（パスカル・レオーネ、1983）引き起こされている。この両者に共通しているのが、発達の最終年齢をピアジェの言う青年期－成人期におくことに反対している点と、発達を個人の中に起こる人間に普遍的な構造の変化だけから捉えるのではなく、社会や文化の中での生活の文脈に即したものとして考えようとする点である。

　一方、学習そのものの捉え方にも大きな変化が生まれている。従来の学習の捉え方は、行動主義[1]であろうと認知論[2]であろうと、環境との相互作用による個人の変化としてはいたが、環境を変化させる個人の営みは別の次元

のように取り扱ってきた。それに対して、環境側からの働きかけの役割を重視したヴィゴツキーなどソビエト心理学[3]に力を得て、社会的相互作用を通しての学習が発達を理解する上で不可欠であるとの主張がされている。辰野千寿（1994）は、学習を主体と環境の相互作用とみる見方を相互作用論者と呼んでいるが、ここで生まれてきたのは学習者の周辺にある社会的関係を通しての相互作用の結果として学習を捉えようとする、社会的相互作用論者である。共同・協力（collaboration）をキーワードとして、発達の初期から大人との生活や子ども同士の遊びの中での学習が説明される。

（1）社会的相互作用を通しての学びと発達

　ロゴフ（1990）は、発達の目標は文化によって異なり、文化の中で暮らす仲間（大人や友達）との相互作用を通して学ばれていくと捉えている。そして、文化の体現者である大人が、新参者である子どもと一緒に課題の場に参加しながら思考を共有し、適切に導く（guided participant 案内的参加）ことの重要性を力説している。確かに発達の初期には、緊密な相互作用を通して文化の基盤であることばが習得される。その学びは相互作用している人の共感と同調に基づくもののようにも見えるが、そこでの子どもの積極的学びの姿勢が強調される。子どもの学びは、単に大人の真似をしたり、指示どおりに行動することではなくて、共に考え行動する中で、自ら創造するものと捉えている。この相互作用の場の特徴は、参加者の間主観性にあり、その場への関わり方の非対称性（大人の方が場に及ぼす力が大きいことが多い）が学習の原動力になると考えられている。

　一方、グラノットとガードナー（1994）は、共同・協力（collaboration）のあり方を相手に対する働きかけの程度（高／中／低）と、参加する人の課題に対する習熟の程度の差（大／中／小）によって9つに分類し、それぞれの学びの特徴を説明している(次頁・表1参照)。彼によれば、案内的参加（guided participant）は、習熟の差の大きい間柄での中程度の共同によるものとされ、より共同の程度の高い「枠組みの提示（scaffolding）」、より低い「模倣（imitation）」と区別されている。

表1 共同の程度と参加者の知識の差による相互作用の質の違い
（Granott & Gardner, 1994）

	共同　低度	共同　中度	共同　高度
知識の差　大 （大人と子ども）	模倣 （Imitation） 有能な相手のまねをする 指導はなく観察による	先導／見習い (Guidance／Apprenticeship) 共同の目的をもち、一部援助を受ける 主導を交替することがある	支援（指導） (Scaffolding) 共有の補完的目標がある 相手を理解したていねいな指導
知識の差　中 （先輩と後輩）	短期の模倣 （Swift imitation） 先輩をちょっとまねる 一緒には行動しない	引きずられての参加 （Asymmetric counterpoint） 先輩と一緒に行動する 時によって立場が入れ替わる	先輩との共同 （Asymmetric collaboration） 目標を共有して共に行動する 後輩の意見も取り入れる
知識の差　小 （同輩同士）	平行活動 （Parallel activity） 平行遊び 同じ場で関わりなく活動する	同等の相手 （Symmetric counterpoint） 連合遊び 場合により上手な方がリードする	相互的共同 （Mutual collaboration） 協同遊び 対等な関係で相談しながら遊ぶ

　相互作用を通しての学びの場を記述するのに、共同への参加の仕方の程度による違いから取り上げることは、そのマイナスの妨害的関わりにまで視野を広げられるという利点を持つ。しかし、何が学ばれるかを抜きにしては習熟の程度の差を扱うことは出来ないし、社会や文化を背景にした概念化にはならない。多くの課題は文化的価値のあるもので、大人が習熟者として参加しているのである。

　この分類の中で興味を引くのは、共同の程度が低い時の学びとして模倣があげられていることである。大人からの働きかけがなくとも模倣が生じるのは、習熟されている行動として示されているものが、学び手側にとって価値があるからであろう。共に生活するものにとって、先輩のすることが出来るようになりたいという継承への動機が働くと考えることが出来る。

　発達における学びには、社会生活の中で文化の体現者である大人との相互作用によるものが、かなりの部分を占めていることを認めないわけにはいかない。特に、その初期には意図的な学びとは考えにくい、共に相互作用すること自体から学ばれるものが多い。そこには、「共生的学び」とでも言える姿

がある。共同の程度や習熟度の差とは独立して、共にいることで何かを共有していくようなものがありそうな気がする。それは、ロジャーズ（1967）の言う、リアルであること、学習者を受容することにつながるものかもしれない。

　もう一つ、学び手である子ども自身にとって、学ぶ対象が価値のあるもの、学びたい（継承したい）ものであることが大切になってくる。はじめは大人のすることや友達のすることは何でも学びたかったのが、徐々に文化的価値を知るようになると、学びは具体的目標を持つものへと分化していく。

　この価値を導入しているのは相互作用における大人の行動である。大人は子どもたちと関わる時、彼らの成長を願っている。その成長は、文化の中で生きてきた大人が暗黙のうちに培ってきた、一人前の社会人になる道筋にそって考えられているものである。子どもたちは、この願いから出発している親の期待のもとで学びの目標を選択していく。ロゴフが主張する案内的参加のように相互作用が直接的である間は、親の期待は子どもの目標にうまく合致していける。ところが、ことばをうまく使いこなせるようになり、相互作用が徐々に間接的になると、親の願いは子どもにとって見えにくくなるという事態が起こる。使っていることばが、意味する世界とずれがあることに気づかれにくいからである。その上、親の行動の現実は矛盾に満ちたものであることが多い。子どもたちは大人から提示される価値の取り込み方を学ぶ一方で、友達同士による学びの場を広げていく、この結果として学びの分化が顕在化するのである。

（2）大人の側から子どもとの社会的相互作用を考える

　これまでの社会的相互作用の議論には、そこに参加する大人の側の学びについては全く触れられていない。相互作用は参加するものにとって相互依存的であるという記述があり、子どもを大人とは別の存在として見なさないことが重要だと言われる。しかし、大人は相互作用の場を子どもの学びに適切な状態で運営するという以外のことは、特に求められていない（ロゴフ、1990）。未熟で手のかかる子どもを、別の存在とは見なさず、共に生きるものとしての学びの場を作り上げることは、大人にとってはまった

く新しい経験である。こうした経験が大人の発達にとって重要な契機になると考えるのは、それほど突飛なこととは思えない。それなのに考慮されてこなかったのは、発達を見る視点が社会を担う大人の側にあったためである。

　子どもにどんな学びの場を提供しているか、子どもにとって大人との関わりがどんな学びの場になっているかによって、子どもの育ちに大きな違いが出ることについては、しつけや家庭教育についての関心に応えて発達心理学者が多くの発言をしてきた。その中には、親自身の生活を自ら反省することが大切だという指摘もある（伊藤隆二、1983）。子どもの主体性を信じて（愛情をもって）、自分の思い通りにいかなくとも、じっくりと待つことで子ども自身の学びが育つ。それを可能にするのが、親自身が真剣に生きることであると語られているが、その結果として何が発達しているかにまではつなげて考えられていない。子どもとの豊かな相互作用が出来ない人たちの例が示されている。その多くは、自分の学び（これまでの経験の集積）が自分の幸せにつながっていっていないために、子どもにはその二の舞を踏ませたくないと思っているのだと説明されている。

　このように子育てや家庭教育に関わる発言の中には、親の育ちによる相互作用の質の違いや、その結果としての親の人間的な発達の様相について考えさせる材料が数多くある。そこで、これらの知見を生涯発達の中に位置づけて、社会的相互作用を通しての学びの発達として捉え直してみることによって、学びの多様なあり方がどのように個性化につながっていくのか、その一端を明らかにすることが出来ないかと考えた。そこで、これまでに提案してきた言語と認識の発達を通してみた生涯発達のモデルを、社会生活の最小単位である家庭生活における人間同士の相互作用の様相の変化を背景にして捉え直し、そこでの学びのあり方について検討してみたい。

2　個性化過程の生涯発達モデルにおける学び

　生涯発達を、人間が一生を通して生活していく場の変化に即して捉えよう

とするためには、何がどのように変化すると考えるのかを明示しておく必要がある。これまでの研究は、自分の人生の意味の捉え方に焦点を当てるため、変化の一つの柱としてことばに関わる認識のシステムの変化を取り出した。そこでは個人の側に力点が置かれ、個性の場である自己を内なるものとし、外なるものとの統合過程が考えられていたが、外なるものとして何を捉えていくのかということについては触れられていない。

　人間の人生で大きく変化するものに、共に暮らす人間との相互作用のあり方がある。生まれた時には、生命の維持さえも親の養育行動に依存していたのが、徐々に自立し、社会、仲間遊びを通して社会の一員としての役割が担えるようになり、異性との交友、生殖行動を経て次の世代の養育にたずさわる時期、子育ての責任や社会における中心的役割から解放される時期へと移行していく。

　発達における社会的背景の変化を重要視した考えとしては、社会の中で適応していくための行動を発達課題として取り上げているエリクソンと、精神分析に基盤を置く人生の危機をテーマとしたハヴィガーストがいる。ここでは、それぞれの時期には異なった形で人と人との相互作用による学びが展開されると捉えることにしたい。

　人生におけるそれぞれの時期―特にその初期―には、相互作用のあり方と利用できる認識のシステムによって特有の（優勢になる）学びのスタイルが見られる。個人によって、社会や文化によって具体的な生活経験は違っても、社会的相互作用を規定する関係のあり方はかなり共通しているはずである。自分らしさに自信をもって展開されていることを個性的と定義したことを受けて、それぞれの時期における、どのような学びが個性化につながるのか考えてみたい。

（1）話しことばの獲得の完成まで（第Ⅰ期）

　1993年に示した筆者のモデルでは（6頁・図1を参照）、話しことばの獲得の時期を第Ⅰ期とし、養育者との共感による交流の中での情動的サイン性（内）、感覚運動的知能を獲得していく過程での、外界への積極的働きかけが生む行動的サイン性（外）の2つを土台にして、言語が文脈依存的に使用できるよ

うになると説明している。この時期（第Ⅰ期）は、養育者との緊密な相互作用が日常的であり、情動的サイン性による交換は子どもの側からの同期的反応も引き出すリズミカルなものとして観察されている。このような養育者と子どもとが一体になってなされる相互作用は、話しことばを獲得する基盤を提供している。それは響き合いとでも言いたくなるような、共に生きる場での学びの姿であることから、「共生的学び」と呼ぶことにする。

　この時期を代表するもう１つの学びの姿に、ピアジェが観察した感覚運動的知能の発達の様相としての循環反応がある。活動の繰り返しや大人を巻き込んでの交代遊びなど、外への働きかけが目立つ行動的サイン性の獲得の背景にも共感的情動がある。さらに、ワロン（1952）が言うように、話しことばが使えるようになっても、この時期の子どもは養育者と別個のものではなく、相互依存的な「融即」[4]の状態にある。乳児期の学びは、そのすべてが共生的なものであると言える。それがトイレットトレーニングなどのしつけを機に変化の兆しが現れるのである。意図を阻むものとしての他者が立ち現れ、自己の身体を統制できる対抗者としての自己が気づかれてくる。保育園での乳児の様子が、２歳半を過ぎると子どもの顔つきがはっきりしてくるという保育士たちの感想は、この時期の変化を捉えている。

　人生の初めのこの時期の学びは、養育者との緊密な関わりによる共生的なものである。しかし、親しいもの同士の相互作用では、子ども時代の仲間遊びではもちろん、大人であっても同期的な行動が現れることが知られている（フィールド、1992）。響き合いを基盤にした共生的学びが、相互依存的な場でなくとも相手との共感――相互作用のテンポが同じ、予測が立つなど――があれば、生まれる。新たに始まるのは、他者を相手として意識する行動、目標を持ち、それを達成しようとする学びである。

（２）書きことばの獲得――言語的思考の成立まで（第Ⅱ期）
　話しことばが自由に使え、身の回りの基本的行動が自立して出来るようになると、相互作用をする大人の態度に変化が起こる。相手を意志の通じるものと考えるようになるために、相互作用の中に、ことばを用いた間接的な関

わりが多くなってくる。このことは、一方でことばの発達を促すことにつながるが、他方で直接的な共感関係を持ちにくくする。

大人との関係に変化が起こるのと期を同じくして、子どもの共生的な学びが子ども同士の世界に広げられる。ごっこ遊びに見られるように、ことばの想像性も豊かになり、話しことばで自分の世界を広げるのが3歳期である。仲間としての共感とコミュニケーションの相手としての不十分さが、遊びの中で経験され、自他の区分を明瞭にしていく。

4歳から5歳にかけた時期に発達の節目が訪れる。ことばが表象システムに組み込まれる（ネルソン、1992）、表象を使って考える（パーナー、1992）、知識が熟慮的になる（キャンベル、1992）、直観的思考をする（ダビットソン、1992）など説明はいろいろであるが、考えることが自覚的になり、目標が明確で結果を評価するようになるという論がある。そして、その態度が、大人から要求されたことや自分のやりたいことを目標にして努力するという学びのスタイルを作り出す。

この第Ⅱ期の子どもたちは、ことばを使って考え始めている。考える、推論するには何らかの筋道がいることも、大人との相互作用の中から気づいてくる。何が大切な規則なのか、どんな行動が評価されやすいのかなどに気を配りながらの学びが続く。この学びは、結果として大人の（既成の）社会の持つ価値や構造を受け継ぐことにつながっていく。その意味を受けて「継承的学び」と呼ぶことにする。

継承的学びは、自覚的であることに特徴がある。価値ある行動を目標と定め、計画し、練習や努力をし、結果を評価する。従来の学習心理学で扱ってきた学習の多くは、この学びのスタイルであった。学習理論として構築されているたくさんの知識がある。

継承的学びでも、相互作用する相手との共感に支えられていることもある。その重要さが主張されるのは、相互作用を必要としないだけではなく、マイナスの妨害的相互作用であっても学習は成立することに原因がある。自分なりに目標を立て、何が評価されるかについて予測しながら努力することが出来るからである。学校教育では、この努力に期待をかけて指導が展開されている。

継承的学びは、必ずしも直接的な社会的相互作用を通さなくとも成立する。その多くは、言語情報をもとにした概念や推論によって組み立てられた知識の形成のためになされる。書物を読んだだけでも、学校での指導でも、次の学びにつなげていける知識を獲得する子どももいるのである。相互作用の場の中で学びを考えるとしたら、間接的な相互作用についても視野を広げる必要がある。

　学習の結果が、次の学びへつなげていけるような知識になっていくかどうかは、自分なりに積極的な学びを積み重ねられるかに関わってくる。継承的学びであっても、自分なりの生きた知識になっていくものを自己統合的学びとして区別してみたい。ロゴフたちが言うように、（直接的）社会的相互作用を通した学習ならば自己統合的になりやすいのは、子ども自身の積極的学びの姿勢が保障されるからだということになる。つまり、自らの積極的な学びが出来るような場であれば、継承的学びも自己統合的になされるのである。

　人間誰しも好きなことには積極的に参加する。子どもの遊びはたくさんのことを学ぶ機会であり、そのかなりの部分には継承的性格のものがあるのに、楽しく自己統合的に学ばれている。大人の学びにもたくさんの例がある。みんなが好きなことだけ学んでいれば幸せなのだが、好きでなくとも学ばなければならないことがあり、知識が増えれば、新しい学びの基礎が出来るという循環もある。しかし、村井潤一（1995）が言うように、学びの結果が次の学びに結び付かず、形骸化してしまうことも多い。

　人類の歴史が長くなり、歴史と文化が積み上げられた結果、生きていくために必要な知識が増大している。よくよく考えれば、すべての人に共通して必要な知識はそれほど多く必要はないのかもしれないが、義務教育段階の知識は必要だと思われている。学校で扱わない日常的知識でも楽しく学べるものばかりではない。学校を卒業してから勉強がおもしろくなる人、趣味に生きる人も多い。個性化を自己統合的学びとして考えることにしたのは、こうした姿を幅広く捉えられるからである。しかし、この時期はまだ継承的学びの要請が多い。次の世代として社会を担えるようになるための要請に応えな

ければならないのである。

(3) 個性化の完成—自己統合的学び（第Ⅲ期）

　大人と暮らす中で生活に必要な概念を理解し、考え、それをことばにして記録したり伝えたりが自由に出来るようになるのが、これまでの発達であった。書きことばの獲得に象徴されるように、それは文化により規定されている必要な知識を習熟するための努力に支えられてきた。しかし、個性化につながる社会生活に適応するための知識の学びは、自らのものとして機能する「自己統合的な」ものになる必要がある。知識の論理構造としては、ピアジェの言う具体的操作のレベルでも想像の世界を楽しむことが出来れば、自分なりの学びで豊かな適応が出来る。ことばが非現在、非現実の世界での相互作用を可能にしているからである。

　この時期には、3つの方向性が内包されている。
　1つ目は、認識がより抽象的な世界を扱えるようになること。
　2つ目は、次の世代を用意するための人間としての行動に適応していくこと。
　そして、最後の3つ目は、人生の終末への準備である。
　前の2つは、人間が作り上げてきた文化を継承し、発展させていくことにつながるものと、種としての人間の存続につながるものである。大人の庇護のもとで成長してきた個人は、一人前の人間として歩み出さなければならなくなり、社会を運営する中核として働く責任を負わされる。この年代の人々がどのように行動しているか、それぞれの人の個性の集積がその社会の文化そのものになっていくのである。
　現代社会では、この時期になっても知識の学習が要請され続けている。ことばを駆使した情報処理の技術や思考法が学ばれていく。文化を継承し発展させるのは社会にとっての共通の目標であるため、こうした学びには大きな関心が払われている。一人前の大人としての成長の自覚のあり方も問われていく。
　一方、時を同じくして、2つ目の「生物としての成熟」は次の世代を用意

することに向けて開始されている。青年期は、一人前になれているかなれるのかに根をもつ悩みを抱えている。ところが、体の性的成熟と結婚子育てという実際行動の開始とに時間的なずれがあり、個人差が大きいだけでなく、行動そのものが私生活の問題と捉えられているためか、そこからの学びは発達課題としては重要視されても、一般的なメカニズムとして扱っているのは、精神分析に基礎をおくエリクソンの理論だけであった。

　生涯発達の視点からすれば、この２つの方向性がどのように織り込まれ、社会生活の中での自己統合的学びにつながっていくかが、成人期以降の個性化の完成の出発点になる。この観点に立って、成人期の発達段階理論を提出したのがパスカル・レオーネ（1983）である。彼女は、基本的にはピアジェの発達理論を踏襲しながら、人間の知的発達は形式的操作で、その完成を見るわけではなく、対人関係に関する知識を土台として相対的思考や弁証法的思考[5]へと進むと主張する。そこでは、成人期の発達を、35歳ごろに到達する弁証法的思考をその頂点と捉え、形式的操作以降に経験する社会的問題解決過程の中で、人間関係の調整構造（Collectiveと呼ばれる）を獲得することがその前提におかれている。形式的操作期の後半（17歳から25歳）から30歳ころまでの社会生活を通して、相互に対立的な感情的、社会－認知的システムを調整することを学ぶのだとされている。

　この議論には、青年期における愛情関係を通して学ばれる Love-system や、社会的関係における Power-system が、個人の Power／Love Ego system となるという記述がある。社会生活を実際的に営んでいく過程が、新たな学び（発達）にとって重要なのである。しかし、この学びが生殖、子育てという、世代交代期における普遍的な行動によるものとは考えられていない。子ども時代を卒業し、一人前の大人になる過程でなされる社会的相互作用は、これまでとは異質のものになる。異性や子どもとの相互作用を通して、大人がどんな学びをしているかに焦点を当てた考察はまだなされていない。

　本論では、成人期を「種としての存続のための相互作用」と、「社会の文化を引き継ぐための相互作用」を通して、新たな認識が達成される時期として捉える。

そして、新たに発達するのは弁証法的思考というようなシステムにとどまるものとは考えず、人生を社会と歴史という広がりの中に位置づけて捉えるという、社会歴史的認識性であると考えることにする。
　筆者のモデル（1993）では、成人期に近づく16歳の頃は、「思考の深化と内省化による論理的認識性」が出来ていく時期として捉えられている。この内に向かう指向は、ことばが思考の道具として機能するようになっていることと、身体的性的成熟を契機とする自分自身への関心によって生まれる。次の段階へと発達するのは、異性との交際、恋愛、性行為といった生殖のための相互作用が、自分一人の論理を越えたところで成立することによる。共に暮らす相手との関係を安定的なものにするためには、相手を理解し自分の感情を調節しなくてはならない。一人だけではなくなった人生が、新たな認識の土台となっていく。
　さらに子どもが生まれると、もう一つの変化が起きる。それは子どもとの共生的相互作用を維持する経験である。親が世話をしなければ生きていかれない命が、情動に訴えて関わってくる。その強制力に圧倒されながらも、共に相互作用することに快感がある。養育に関わる相互作用をうまく維持していくためには、理不尽な相手を受け入れ、理解してやらなければならない。この外からの強制的力にうまく対応していくことが出来るような実感が新しい認識を生むのである。
　この時期の親として相互作用を通した学びがしっかりとしたものになるかどうかには、かなりの個人差がある。それでも、誰もが親として、社会を動かす中核として行動するようになる。
　世代交代は、次世代が成熟し、次の交代の準備が出来ることによって完成に至る。この時期は自分の体の老化に気づかされることと重なるので、中年期の危機として取り上げられやすい（ロッシ、1980）。家庭での社会的相互作用の質は、乳児期における共生関係、しつけに始まる人間としての基礎的行動の習得のための共同における熟達者——初心者関係から、同格の関係になる。子どもの前に自分の人生をさらけ出さなくてはならなくなるのである。このことが、自分の社会認識を自分自身の価値観を軸にした、安定したもの

にしていく契機になると考えられるので、自己統合的社会認識Ⅲ（統合）（6頁・図1参照）の位相として加えてみたい。いつまでも子どもと同格になることを認めず、客観的な認識に至らないものもある。

　第3の方向性は、身体的衰えの自覚に端を発する。別のことばでいえば、学びを展開してきた、知識を持って活動してきた自分の行動が、自分の身体によって阻まれることを経験することに土台を置く。自分の人生を、身体を持つ自分自身のものとして見つめるようになることで、学びの性質が変わる。病弱な人、障害を持っている人などは、早くから始まるのかもしれない。誰しもがいつでも経験できそうでいて、忘れられやすい認識である。たくさんの知識があっても、いろいろのことが出来る能力があっても、今何が出来るか何をするかは、体が動いてこそであることを知るようになれば、その認識を基盤に生活が営まれる。無理をしない、やれることを楽しんでする。自分の体に聞きながらの学びは、ほんとうの意味での自己統合的学びと言えよう。

　人生の最後の時期をどのように過ごすかは、個性の完成の姿である。自分なりの人生に満足できるようにしていく時でもある。一方、死までの時間がそう長くはないことも分かっている。でも、生きているものが自らの死を考えるのは難しい。死の受容についてはたくさんの議論があるが、高齢者が誰と相互作用しながら暮らしているのかに視点をおいた研究はまだ多くない。自分の人生を語れる相手があれば、歴史の一こまであったことを自分の経験を通して伝える事が出来る。

3　継承的学びのあり方から見る個性化過程の個人差

　個性化過程の生涯発達モデルを社会的相互作用の変化の中に位置づけることによって、共生的学び、継承的学び、自己統合的学びの3つの発生を考えてきた。それぞれの学びの発生には普遍性があると考えられるが、どの領域でどのような割合で続けられていくかには個人差がある。特に、継承的学びは社会の価値を含んだ行動の領域に向けられるものであるため、そのあり方

の違いは人生における個性化に大きく影響していると考えられる。

　人と共に暮らす中で、自然に発生する共生的学びは、幼児期を過ぎると徐々にその割合を減らしてはいくが、人間同士の共感に支えられた行動の基盤として生涯にわたって続けられていく。成人期には、感性とも言われる情緒的な背景を持つ学びのあり方に個人差が大きいことが知られている。心身の柔軟性を保つために大切なものであるが、生涯にわたって保ち続けることが難しいものでもある。村井（1995）にならって、発達の各段階での学びが豊かになっていかないメカニズムとして、習慣化と形骸化を考えるとしても、共生的学びの習慣化は形骸化にはつながりにくい。共感によって学ばれる情緒的反応の豊かさの度合いや人間関係における開放性が関連していると考えられる。

　継承的学びと自己統合的学びは、目標を持った活動である点では共通している。その目標とするものが自分自身で選ばれ、自分にとっての意味が自覚されており、楽しく積極的に行われるのが自己統合的学びであるのに対し、継承的学びは、価値のあるものとして与えられた目標を達成するための努力を伴うものとして区別する。第Ⅱ期（115頁参照）の初めに他者からの要請に気づいて以来、新しい行動レパートリーを増やすためにこの学びが行われていく。家庭でのしつけや本人の価値への指向性、活動する自信などによって、継承的学びばかりが優勢になる子もいる。学校教育では、自発的な学習を可能にする自己統合的学びが目指されてはいるのだが、実際には継承的学びによって展開されている。目標が外から提示されるために、努力は習慣化され、結果は形骸化されやすいが、数学や語学のように継承的学びによる知識が、次の自己統合的学びの基礎として必要なものもある。現代のように学習すべき知識が高度化している社会では、すべての学びを自己統合的に達成することは不可能に近い。けれども、人生を生きるための知恵は自己統合的に学んでいなくては役に立たないのである。

　学校教育による知識の継承が、社会の構造を与えられているものとして捉え、その中での効率的な生き方や、正しい考え方を学ぶことに終始することだとすると、未来を担う子どもたちを育成することは出来ない。ブルーナ

ー（1986）の言うように、この世の中は変革可能であり、「知識はあなたが参加して作り上げるものだ」という感覚を育てなくてはならない。このような指摘がされ始めたのは、継承的学びが多くなり過ぎた結果、何でも正解を教えてもらおうとする風潮が出てきたためである。本来、共生的学びを土台として自己統合的になされるはずの恋愛や、子育ての相互作用にもマニュアルをほしがる。正義は社会に相対的であるといって、カリスマの言いたてる真理に判断のよりどころを見い出すなど、あげればきりがない。共同・協力による学習経験を通じて、自己統合的な学びを増やしていくことも対策の一つであるが、学校教育で多用される文章の読みを、書き手との相互作用として考えられるようにしていくことも大切である。

　もう一つ大切な視点は、継承的学びに参加はするが、その多くは形骸化し利用できずに終わっていても、人生の知恵の学びはしっかりと達成している人たちがいることをきちんと認めることである。知識の学習とは違って、知恵はシステムとは離れたところでの社会的相互作用によって学ばれる。その多くは、結果の評価が現実の生活に無関係なものである。仲間同士の遊びの中で、小説などの架空の世界で、世の中の価値は多様であること、すべての規則には例外があることなどを知り、自分の自己統合的な学びの目標を達成するために利用できる知恵をふやしていく。自分がしたたかに生きることは、相手を理解することにつながるし、計画的に行動することも必要になる。学校での成績は悪くとも、認識のレベルは確実に発達している。

　すぐに結果が出なくとも、学びをあきらめることなく継続したり、損して得するといった方略が使えたり、ある範囲ではルール違反も許されることを知っていたりすることを、「したたかさ」であると定義すれば、その根は幼児期の仲間遊びの中にたくさん見出すことが出来る。パスカル・レオーネが弁証法的思考の前提と考えた人間関係の調整構造は、形式的操作期の後半から出来始めるのではなく、ごく幼い時期から準備されているのである。人生を通じて、子どもたちが学んでいかなくてはならないことは、知識の教育のように正しい答えがあるものばかりではない。どんな状況になっても自己統合的に学びを進めていけるようにするためにも、早くからよい子を目指した

継承的学びへ追いやることがないようにしたいものである。個人差の発生という点から見ると、したたかさが生きている人は学校教育で優勢となる継承的学びの中でも、状況を変えて自己統合的学びを続けることが出来ている。学校で教えられる知識を自己統合的に学んでいく人とはまた別のグループをなしていることが多い。

　人生は、継承的学びだけでも幸せに暮らせるような単純なものではない。社会構造の一員として役割を果たしていくだけなら、構造が示してくれる行動の目標がある。それを達成するために努力を重ねるだけで精一杯である間は、学校での学びと同質のまま乗り切れる。中年期の危機が指摘されているように、人生の後半は好むと好まざるとに関わらず自己統合を強いられる。どのようなルートで自己統合的認識に達するかが個性化の過程なのである。

　個性化の過程として人生を捉えるという視点は、一人の人の人生を、その人を主人公とする物語とみなす考えに導かれやすい。問題を抱えた人の相談に乗るような時には、こうした捉え方による事実の集積が役に立つ。けれども、一人ひとりのその人らしさを認め合うことを背景とした個性化過程の理解には、人生をどのような学びを通して生きてきた人なのかを考える大枠が必要である。個別の経験は違っても、人生の終末近くになれば、それぞれの人にふさわしい自己統合の仕方が生まれてくる。誰もが通る道「自分らしさの追及と社会での適応とのバランス」を、人々との出会いを通して、どのように選択していくかによって、その人らしさ＝「個性」が作られると同時に、周囲の人々にも理解されていく。一人ひとりの個性を作り出す契機について、より精密な検討を加えることが今後に残された課題である。

第 4 章
幼児の自発的な文字読みを通してみた継承的学びの始まり

　幼児期におこる文化の継承につながる学びとして仮名文字の読みの開始がある。「文字の読み」は、社会から期待される価値を伴う。人と共に暮らすことで自然に身につく学び（共生的学び）とは異なって、学びの結果について大人からの評価を気にすることにつながっていくものである。
　わが国では義務教育が始まる小学校入学の時点で、8割を越える子どもたちが平仮名清音の読みが出来るようになっている。しかし、幼稚園や保育所などで意識的に文字の読みを教えている所は少なく、平仮名読みは"子どもが自然におぼえる（自分で学ぶ）"もののように考えられている。そこにはどのような大人側のシステムがあり、子どもたちのどんな学びの姿があるのであろうか。
　生涯発達の視点から捉える「学び」の多様性の一つの切口として考えてみたい。

　文字の読み書きは、文字に記録された文化を継承していくためには欠かせない技能である。ことばのシステムそのものも文化による違いが大きいが、誰もが生まれたときには話せなかったのに、その言語文化に暮らすうちにことばを話せるようになる。それに対して文字の読み書きの習得は、文化の継承のための努力──大人の側からの教育と子どもの学習──に支えられていると考えられてきた。地球上の文明が文字による知識の伝達に支えられてきていることから、子どもたちに「読み書き」の習得を促すことは大人の側の責任と捉えられているのである。
　文字の読み書きが文化の継承にとって必修条件であるとの認識が出来上がると、それぞれの文化圏（経典の読みにおける宗教教団、国を統治するため

の国語の制定など）において、それなりの"教育システム"を通して文字が教えられてきた。日本語のように仮名文字という読み書きの入門期に適切な形式をもっているところもあれば、中国語のようにピンインという特殊な補助手段を導入しているところもある。文字の読み書きをそれぞれの文化圏における教育の問題と捉えるかぎりでは、どの言語システムの方が教育しやすいかという比較はあっても大きな議論にはなりにくかった。

　ところが、読み書きの習得を教育的介入を通してではなく、話しことばの獲得と同じように、大人との相互作用を通して子どもの自発的な学びとして開始させるべきだとする考えが、読みの補償教育の実践家であるマリー・クレイ（1967）によって提唱され、英語圏で読み書きの教育を研究する人々に普及したことで、話しことばの獲得との連続性の問題として議論されるようになってきた。英語の文字のシステムは、表記の効率という点では優れているが、入門期の読み書きの学習にはかなりの困難を伴う。そのために読みの教育のためのレディネスや入門期の指導法などには大きな関心と努力が向けられてきた。そうした中で、絵本の読み聞かせをしてもらった経験が多かったり、親の生活に読み書きが日常化している環境の子どもたちは、文字への関心も高く、躓きが少ないことが明らかにされたことから、入門指導以前の問題として考えようとする動きになっていったのである。

　日本では教えなくともひとりで読み書きを覚える子がかなりいるし、そういった子どもたちは、かるたや文字積木で遊び、絵本を読んでもらっている。読み書きが日常的で、大人からの働きかけも多い。文字の読み書きが日常的に行われる環境に育てば、話しことばと同じように自然に学習が進むと考えてよいのであろうか。そこには大人の側からのどんな自然な介入（働きかけ）がなされているのだろうか。子どもたちがどのように読み書きを覚えていくかについての実証的研究が必要とされているのである。

1　わが国の子どもたちの自発的な読みの学習過程を明らかにする意義

　読み書きが自発的に開始されているような印象がもたれている日本の子ど

もたちの平仮名読みの獲得過程に関する縦断的研究の結果をまとめて、柴崎正行（1987）は次のような6つの段階の設定を提案している。

第1段階　生活の中で文字に親しみ、その記号としての機能に気づく。
　（絵本を読んでもらったりすることを通して、本やそこに印刷されている文字の媒介機能について理解されていく。）

第2段階　文字の読み手としての自己を主体的に位置づける。
　（繰り返し読み聞かせを受けることで絵本の内容を記憶し、自分も読み手となるまねが出来るようになる。まだ文字を読んでいるのではないが、読むという行為を理解し実行する。）

第3段階　自分の知っている文字を他の文字と区別して読む。
　（自分の名前に含まれる文字が最初に覚えられる。その文字の形を本の中に見つけて拾い読みが開始される。テレビのチャンネルの数字などにも広がる。）

第4段階　自発的に音と文字を対応づけて平仮名の読みを覚えていく。
　（文字を読むことに関心を示し、大人に尋ねたり、絵との対応から類推したりして、文字と音との対応関係を自発的に学習していく。あいうえお表や文字積木などがよく利用されている。）

第5段階　個々の文字を統合して、平仮名単語が読めるようになる。
　（文字の拾い読みから、音をまとめて単語としての意味をつかんだ読みへと移行する。）

第6段階　たどり読みながら文が読めるようになり、特殊音節の読みに習熟していく。
　（文を読むことによって拗音や長音、助詞の「は」、「へ」、「を」などの読みを覚える。）

　わが国の子どもたちの読みの開始ではみなこのような段階を踏むのであろうか。縦断データの対象になっているのは教育に関心の強い親を持つ子どもである。どんな子どもでもこのような文字への関心を示すわけではない。読み聞かせを繰り返しても、文字積木やあいうえお表があっても読みを自発的

にしない子がいるのが実態である。それでも日本では就学までに読みのレベルは第4から第5段階になっているものがほとんどである。そこではどんな学びが展開されているのかが明らかにされなければならない。

　話しことばが大人との親密な相互作用によって自然に獲得されるのと同じように、読み書きも自発的に学ばれていくのかどうかを確かめるには、文字の読み書きが日常的に行われている環境での大人からの働きかけのあり方や、子ども自身の学びの姿を明らかにする必要がある。そのためには英語圏に比較して圧倒的に多い、わが国の自発的に文字の読みを学んでいる子どもたちがどのようにして自発的な読みをはじめ、読めるようになっているのかを見極めることがなによりも必要であると考える。
　子どもにとって、読み書きの習得は大人と共有する社会への新しい手段の獲得である。茂呂雄二（1988）が紹介している大分水嶺理論家達が言うように、読み書きが出来るようになることで、論理的思考による世界が開けると短絡的に考えることは出来まい。けれども、彼らにそのような発想をもたらした原因のひとつに、文字で記録された膨大な知識の世界への参加という考えがあったに違いない。子どもたちもこのことを感じ取っているはずである。彼らにとって文字の学習が持つ意味と、その習得過程で育つものとの双方を考えていかねばならない。文字の読みは文化の継承者になることの一歩でもある。文字読みの自発的学習の進み方には個人差が大きいことも知られている。この個人差は何によって生まれ、その後の学びにどんな意味を持つかを考えることも重要である。

　わが国では、昔から文字の読み書きが出来ることは価値があると考えられ、子どもの読み書きの習得に大人は大きな関心を払ってきた。ところが、その価値的態度が子どもが育つ生活環境の中でどのように示されているかにはかなりの幅がある。それでも、文字への関心は大人からの応答を引き出しやすいことは確かであろう。特に近年の早期教育への関心の高さは、家庭での母親の対応や幼稚園などのカリキュラムにも"自然に覚えるのを見守る"派ば

かりではなくなってきている。

　幼児期における文字読みがどのような背景でなされているのかの実態については、無藤　隆（1993）による多角的な調査の報告がある。東京の都心部が調査対象ではあるが、子どもの周辺が文字読みの開始に期待をかけている姿は全国共通であろう。親の期待の中で、子どもの文字への関心は育てられている。

　この報告の中で、無藤は「我々の社会では、少なくとも文字を読むという行為は二つの独自の行動として幼児にとって成りたってくるのではなかろうか」と言っている。通常の学習は幼児にとっての実用的価値をもち、それが学習の目標となってくるのに対して、文字の読みはそれ自体が実用的価値を持っていない（拾い読みが出来ても理解できないことが多い）にも関わらず自発的読みの学習が起こるのは、文字を読むと大人からほめられるといった外生的機能だけが意識されているからだと考えている。そして、ほんとうの意味での読むという行為、文字を判別して意味をとるという行為として成立するのとは別に、「文字を読む」こととして理解され、かつ文字を読むことだけが実践され、学習されるという。

　確かに、「わたしは読めるの」ということを誇示しているかのように、文字を見つけては手当り次第拾い読みをする姿は目を引く。だが、どの子にとっても同じように生じる姿ではなさそうである。このような学びが文字の自発的読みを支えているのだとしたら、そこでの個人差のあり方は、単に文字の読みが早くに始まったかどうかを越えた意味を持つ可能性がある。

　以上のことから、本研究ではわが国のごく普通の生育環境で暮らす子どもたちの平仮名の自発的な文字読みが、どのようになされているのかを明らかにしたい。対象とするのは、遊びと集団活動を中心とした保育を行っている、文字について特別の指導はなされていない保育園に通う子どもたちである。親には教育熱心な人もあれば、忙しくてかまってやれない人もある。保育園では日常的に絵本の読み聞かせが行われ、絵本の貸出も行われている。

　このような文字環境では、自発的な読みの開始にかなりの個人差があることが経験的に知られている。それは単に大人からのサポートの違いによると

は考えにくい。それゆえ、そこで見出されるであろう自発読みの個人差を、継承的学びの背景になっていると考えられているメタ認知[1]の発達と関連させて分析する。子どもたちが文字の世界に気づき、積極的に働きかければ、いつでも文字読みが始められる環境にあって、文字読みという文化を継承するための学びがどのように開始されているかにアプローチすることを目指すものである。

　子どもの暮しの中には多くの文字情報がある。絵本や漫画は言うに及ばず、テレビを見ても文字は出てくる。大人が見ている新聞や雑誌、広告や看板、交通標識やバスなどの行き先表示、TVコマーシャルに登場し、商品に印刷されている商品名などは数え上げれば切りがない。何を買ってほしいか、どの番組を見たいか、どの本が好きかなどの日常の選択行動は適切になされていても、文字の読みが行われているわけではなさそうである。

　グッドマン（1986）は、3歳から5歳までの幼児に対し、環境内にある記号を材料にした印刷物への気づき、本を扱うことの知識、読むことや書くことの概念、どんなものを書くのかなどを個別に面接をして調べた。その結果、子どもが文字の読み書きを始めるまでには、（1）状況文脈（日常生活）で印刷物（文字）に注意を向ける、（2）文字や印刷物についての話に注意を向ける、（3）書かれているものの機能や形式がわかる、（4）書きことば（物語や説明書き）について話が出来る、（5）書きことばについてメタ認知的、メタ言語的注意を向ける、という5つの土台が必要だと述べている。（1）から（3）までは自発的な読みの開始と関連する行動として大切である。そこでこの方法を参考にすれば、子どもたちの印刷物や文字への自発的な接近の程度が明らかに出来ると考えた。

2　研究：継承的学びの始まりとの関連で自発的な読みの開始を捉える

目　的

　本研究の第一の目的は、わが国の子どもたちが仮名文字の読みを開始する時期に、周囲の文字環境にどのように自発的な関わりを示しているのかを、

その個人差、年齢差に焦点を当てて明らかにすることである。これまでに行われてきた研究ではケーススタディが中心で個人差が捉えられていない。本研究では、保育園という集団の中で暮らす子どもたちの文字情報への自発的接近を面接法を用いて調べることで、個人差と年齢差を捉える。

第二の目的は、子どもたちが"自然に文字の読みを覚えている"のだとすると、どのような姿として文字環境へ関わっていっているのか、自然に覚えるようになるまでにもそれなりの前提要件があるのかを明らかにすることである。無藤（1993）が言うように、拾い読みの時期に外生的機能だけが意識される学びがあるとすれば、大人からの評価だけを目標とする継承的学びが開始されていると捉えることが出来る。そこで本研究では、文字の自発的読みが、継承的学びを開始する土台の一つと考えられているメタ認知の働きと関連をもって開始されているのかを順序記憶テスト（TOPT=Temporal Order Perception Test）に対する反応を指標にして捉える。

第三の目的として、3歳から6歳という時期での文字読みの自発的開始の仕方に表れる個人差が、将来の文化を継承して行く学びにどのような影響をあたえる可能性があるのかを、子ども自身にとって文字の読みの習得が持つ意味と、その学習過程で育つものの両面から検討してみたい。

方　法

　　［被験者］京都市内の保育園児　3歳児23名、4歳児32名、5歳児29名
　　　　　　　計　84名。
　　［材　料］絵本の表紙（B5版の紙に白黒でコピーしたもの、仮名タイトル
　　　　　　　5種、英字タイトル1種）、ハングル文字と漢字仮名混じり文
　　　　　　　の印刷物（B5版、各1枚）、新聞（実物）、スーパーのちらし広
　　　　　　　告（実物）、身の回りの道具のカラー写真カード17枚。

　被験者一人につき仮名タイトルの絵本の表紙は1枚、身の回りの道具の写真は3枚、ランダムに選ばれて提示された。

　仮名タイトルの絵本の表紙は、幼児にも読める可能性のある文字と大きめの絵が描かれ、英字タイトルの絵本は「A LITTLE REDHOOD」である。ハ

ングル文字文は、紙面のほとんどがハングル文字で占められているが、数字の1、2、3、と小さな鳥の挿絵が入っている。これらは「何が書いてあるの？」という問いに対して、文字を読むこと以外の返答が可能なものとして用いられた。漢字仮名混じり文はかなり漢字の比率の高い、挿絵もないもので、文字についての返答をするしかないものである。新聞とちらし広告は、日常生活でよく目にする印刷物であり、使われ方の説明でも、文字を読むことによっても返答できるものとして用いられた。身の回りの道具は、実験者との会話が"文字を読むことを試される"という文脈にならないために加えられた。

　メタ認知の発達の指標としては、TOPT日本版が使用された。この課題は、幼児にもなじみのある道具や動物のカードを継時提示し、その提示順を指さしによって再生させるもので、継時提示用カードが3枚の試行が3回、4枚の試行が4回、5枚の試行が3回、計10回の試行からなっている。

　［手続き］　グッドマン（1986）の調査方法を参考に、子どもたちが生活環境の中から、何を、どのように意味づけているのかを知るというテスト文脈を構成し、提示された物についての説明を求めた。説明の正確さを問うのではなく、自発的な発話を促す文脈となるよう心がけた。知っているものだけでなく、知らない、わからないものへの説明を求める時は、これならわかる（ex.誰が使うものか）、こんなものではないかと思う反応も引き出すように質問の仕方を工夫した。

　　提示順序　仮名タイトルの絵本の表紙、漢字仮名混じり文、道具1、英字
　　　　　　　タイトルの絵本の表紙、新聞、道具2、ハングル文、ちらし広告、
　　　　　　　道具3

　各項目毎の具体的な質問の手順を次頁の図3に示す。
　文字についての調査の後に、順序記憶課題をみるTOPTを実施した。
　両課題とも保育園の1室で個別に行われ、反応の記録はプロトコル[2]の記録と、VTRによる記録が併用された。

結　果
（1）絵本の表紙に対する反応

図3　各項目に対する質問の流れ

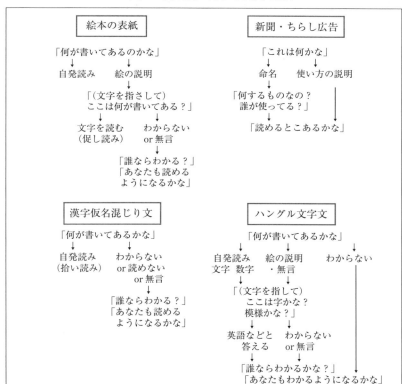

　絵本の表紙にはタイトルと著者名が仮名文字で書かれ、大きな絵が描かれている。これを提示されてすぐに文字を読んだ（自発読み）割合は、3歳児2/24（8.3％）、4歳児12/32（37.5％）、5歳児 12/29（30.8％）であり、4歳児と5歳児とには差が見られなかった。年齢別の自発読み、促し読みなどの反応の仕方の違いをみると、3歳児では絵の説明だけするものが多かったが、文字に注意を向けると、「読めない」、「なんて書いてあるの」、「読んで」などと文字の読みについての知識があると判断できるものが19人（79.2％）にのぼった。文字の読みとは独立に絵についての説明をしたものの割合を見る

と4歳児が最も少なくなっている。文字が読めないことへの言い訳をしたり、「1つだけでもいい？」と言ったり、「だいたいわかる」といって拾い読みをする子がいるなど4歳児の文字を読むことへの関心の高さをうかがわせるのに対し、5歳では読める子と読めない子が分かれてきているようである。

(2) 日常の印刷物への関心

　新聞とちらし広告への反応をみると、新聞についての知識には年齢差はなく、大人それも父親が読む／見るものと捉えている。読むものと答えるか見るものというかはどの年齢でもほぼ半数ずつに分かれた。新聞の自発読みは、TV欄で好きな番組を探すために行われたものがほとんどであった。ちらし広告では、5歳児は広告の意味を理解しているが、4歳では買物に関係があるとだけ捉えている。新聞とは異なり、大人が読むとは捉えておらず、写真の説明や紙としての利用を答えるものが多かった。

(3) 漢字仮名混じり文で書かれたパンフレットへの反応

　材料のパンフレットは文字しか印刷されておらず、これは何かな？と質問されると文字に対して何か反応しなくてはならなくなる。この読むしかない状態での反応をみると、4歳児の多くが自分が知っている平仮名の部分を拾い読みをしているのに対し、5歳児は漢字が読めないと答えている点である。5歳児も拾い読みをすることは出来る。でも彼らにとって読むことはわかる事であり、わからない漢字がたくさんある以上もう読めないのであろう。

(4) 知らない文字（ハングルと英語）に対する反応

　英語についての理解は4歳になるとかなり出来ているが、ハングルは文字であるらしいことから自分が読めない漢字とひとまとめにしているらしい。ところが漢字文材料と違って、数字を拾い読みしたり、絵の説明をする割合はどの年齢も同じくらいであった。両材料とも外国のことばであることを理解しているものも若干いた。

（5）自発読みのレベルの判定

　絵本の表紙に対する反応と漢字仮名混じりパンフレットへの反応、新聞の読みなどを考慮に入れて、子どもたちを次の4つの自発読みのレベルに分類した。

　　A：積極的に自発読みをする。積極的ではないが単語読みは出来る。
　　B：自発読みではなく、促されると拾い読みをする。
　　C：字は読めないと思っている。数字なら読む。
　　D：文字そのものへの関心が薄く、わからないということが多い。

　各レベルに分類された年齢別人数を示したのが下の表3である。3歳児にもAが2人いるが、ほとんどがCとDであるのに対し、4歳と5歳には差が見られなかった。

表3　読みのレベルの分類と年齢分布（下段は％）

レベル	3歳	4歳	5歳
A：自発読みをする or 単語読み可	2	12	12
	8.7	37.5	41.4
B：拾い読み（促し読み）	0	10	9
	0	31.3	31.0
C：字は読めないと思っている（数字は読む）	13	4	3
	56.5	12.5	10.3
D：文字そのものへの関心が低い	8	6	5
	34.8	18.8	17.2

（6）4歳児と5歳児の自発読みのレベルの違いによる分析

　平仮名の自発読みを積極的にしていると判断されたAレベルのものでも、漢字仮名混じり文における仮名読みの流暢なものの比率をみると、4歳では4/12なのに対し5歳では8/12と大きな違いがあった。5歳児のAレベルのものの読みのレベルはかなり高いと考えられる。

　年齢とA、Bのレベルによる反応に違いがみられた項目をみると、Bレベルにおいて年齢による違いが見られるのは、4歳では絵本の表紙での絵の説明

は特に多くないのに5歳では60%もあること、ハングルの中の数字や漢字仮名混じり文からの拾い読みが5歳児に特に少なくなっている点である。5歳になると拾い読みが積極的には行われなくなっていることが示唆されよう。新聞に対して、「見るもの」と答えたものがBレベルに多かったのは興味深い。

また、同じDレベルでも、読めない、わからないといった比率は、3歳では4/8、5歳では2/5なのに対し、4歳では5/6と多くなっている。

(7) 年齢および自発読みのレベルとTOPT成績との関連

年齢と自発読みのレベル毎のTOPTの平均得点と得点の範囲を示したのが、表4である。A、B、Dという3つのレベルの違いによるTOPT成績は年齢に関わらず、A>B>Dとなっているが、4歳児では分散が大きく、この年齢がメタ認知が機能し始める時期であることを示している。

表4　レベル群別のTOPT成績（（　）内は標準偏差）

	A	B	C	D
3歳	3.5　(2.12)	0　(0)	2.85　(2.41)	1.13　(1.12)
4歳	4.58　(2.07)	3.20　(2.66)	4.75　(1.89)	1.83　(2.23)
5歳	6.08　(1.68)	4.44　(2.00)	8.3　(0.56)	3.4　(1.14)

考　察

(1) 3歳から5歳における前読み書き期の知識

文字や印刷物に対する知識は3歳児でもかなりの割合で獲得している。新聞は名称、機能ともによく理解され、数字を頼りにTV番組を探すものもかなりいた。しかし、新聞を読むものと答えたものと、見るものと答えたものがほぼ半々であった。自発読みのレベルAとBとで比較すると、Bレベルに見るものという子が多かったのは読むことへの知識の一般化との関わりを推論させる。

同じ印刷物でも写真の多いちらし広告は、買い物に関係する広告であるという機能の知識はあっても、読む対象とは捉えていない。
　絵本の表紙に印刷された文字は読むものであることは、3歳児でもよく理解していた。しかし、「これは何？」と問われたときに自発的に文字読みをするものは5歳児でも半数以下であった。多くの子は絵の説明を加えている。これは自分が読んでほしい絵本や、よく知っている絵本の時とは異なる姿かも知れない。柴崎の示した第2段階を通過しているかどうかの確認は出来ていないが、ほとんどの3歳児は日常的には好きな絵本のタイトルを言うことが出来ているので、読みへの入口に立っていると考えられよう。
　日本の文字環境に特徴的なことは、漢字、カタカナ、平仮名、ローマ字（英語）が日常生活の中に入り混じって存在していることである。この点を考慮して、漢字、英語、ハングルを材料の中に取り入れてみた。その結果から、漢字や英語の文字としての概念は4歳児ごろから出来始め、「まだ読めない字」としてまとめられているらしいことが示唆される。

（2）自発読みの開始とその個人差
　文字やそれを読むことについての知識や、印刷物の機能の知識はあっても自発的な読みをするとは限らない。自発的な読みをした3歳児2人は、「字が読めるようになった」「片仮名も習っている」と報告しているので、第3段階の読みを始めるのになんらかの大人からの後押しがあることをうかがわせる。
　もう一つの特徴的なグループ（C）として、絵や数字には関心を示すが、文字は読めないと断言する者が、4歳、5歳にもいることである。彼らは実験者との会話も積極的であるのに、文字はまだ読めないので読まないと決めているように見える。4歳児の生活が全体にして個人差が大きく、文字以外の活動に興味の中心がいっているためかもしれない。
　3歳から5歳までのどの年齢にもいる、おとなしく、すぐ「わからない」と言ってしまうDレベルの子の反応には年齢による違いが見られた。読めない、読まないという点では同じであるが、3歳と5歳では絵の説明をするも

のが多いのに、4歳では「わからない」と言うのである。

　このことは4歳期が拾い読みの活発な時期であることと関連している。促し読みをするBレベルの子でも漢字仮名混じり文の中の平仮名の拾い読みが見られている。5歳児では漢字だから読めないと言って読もうとしないのと対照的である。

　4歳は文字を一つひとつ覚えて拾い読みをする、5歳は文字を読むのはそこから意味を取り出すことだとわかり、文字の音をつなげて単語としての意味を取ろうとしているというのが、子どもの仲間たちが共有する知識なのかもしれない。その共通の目標に照らして、自分の読みの実力が判断されている可能性がある。

　全体として、文字が読めない子どもたちでも、教えてもらっていないからとは言わない。漢字や英語は大人になったら読めるようになるというものが多く、教育的介入に言及したのは、英語で「お姉さんは習っている」といった1例があっただけである。子どもたちにとって文字が読めるようになることは自分自身で達成すべき目標として存在しているようである。

　しかし、誰もが同じように読めるようになってはいかない。読めない子はどうしたら読めるようになるのかについての見通しが持てているのであろうか。

（3）メタ認知機能の発達との関連からみた自発読みの発生過程とその個人差

　本研究での自発読みの4つのレベル群毎のTOPTの成績から、レベルAのものはメタ認知機能の発達がよく、Dレベルのものは発達が遅れていると考えられる。4歳児のB、Cレベルでは個人差が大きいが、5歳児ではC＞A＞B＞Dの順になっている。メタ認知の発達は4歳期に始まり、5歳後期にはほとんどの子どもがその機能を獲得するという従来の研究結果から考えると、文字の自発読みはメタ認知の発達とかなりの対応関係があると言えよう。

　本研究の目的の一つである文字の自発読みの発生過程を考えるには、ここでのデータが横断的なものであるので、具体的な事例として示すことは出来ない。しかし、メタ認知機能の発達との関連をからめて考察すれば、3歳児のほとんどがCレベルであったのがどのような道筋をたどっていくのかを推

論することは出来よう。

　Route 1：順調発達 A→A→A
　　メタ認知の発達もはやく文字へ関心を向けさせるサポートも十分な場合。3歳までに仮名読みが始められ、自分なりのペースで拾い読み、単語読みと順調に読みを習得していく。

　Route 2：標準発達 C→B→A
　　3歳期にはまだメタ認知機能が働いていなかったのが、4歳期に文字への関心が拾い読みを可能にし、自発的な拾い読みを盛んにする。それは目標に向かった行動をすることを意味していく。読める文字が増え、それを統合して捉える能力を持つようになれば5歳期には第5段階に進める。

　Route 3：悩み多き学び C→B→B
　　4歳期に拾い読みが始まるが、単なる遊びのレベルにとどまり、目標に向かって読める文字を増やすところまでいかない場合。5歳になって読むことは意味をとることだという知識は出来ても、実力が追いついていかない。もはやゲームとしての拾い読みは盛んでなくなっているので自発読みは少ない。5歳期以降になって読みの学習が始められると成果をあげることが予想される。

　Route 4：援助必要群 D→D→D
　　この子たちは、周囲の友達と同じような自発的学習が進まない。文字への関心はあっても、それを読むとはどういうことなのかが掴めないのかもしれない。第2段階の行動も自発しない可能性がある。この子たちには文字を覚えるとどんなによいことがあるのか、文字を読む活動のおもしろさを知らせてやらねばならないだろう。
　　どのような介入が彼らの積極的な学びにつながるのかを明らかにすることになる。そうでないと、文字は読めてもわからないままにしてしまう危険がある。

　Route 5：風来坊群 C→C→C
　　4歳をすぎ5歳になっても文字の読みに興味を示さない一群である。
　　本研究のデータを見る限りでは、彼らのメタ認知機能の発達は進んでい

る。ただそれが文字読みに向かっていないだけなのかもしれない。そうだとすれば、よいきっかけがくれば自発的な読みが始められ、比較的効率よく読みの習得にいたるかもしれないが、未知数である。

　本研究の結果からは以上の5つのRouteの可能性が考えられたが、それぞれがどの程度の人数比になっているのかは明らかではない。さらに、一人ひとりがどのRouteを通るのかを予言することも出来ない。個人の経験内容によってもっと多くの過程が存在することも考えられる。しかし、保育園を卒園し小学校に入学するまでには、ほとんどの子がなんとか仮名文字の読み書きが出来るまでに育つのである。その過程で、どのような学びが展開されるのかを考える基盤とするには十分であろう。

3　文字の自発読みの個人差を通してみた継承的学びの始まり方

　本研究の主たる目的は、子どもたちの仮名読みの習得過程そのものを明らかにすることではなく、文化を継承していく手段である仮名読みをどのような学びの過程を経て獲得しているのかを知ることにあった。誰もが"自然に"自発読みを開始し、文字を読むことだけを目標とした積極的な拾い読みをしているのかに焦点があてられた。

　その結果、見出された5つのRouteのうち、はじめの2つは、自発的に獲得した読みの技能が、保育園で大人が設定する読み書きの活動をこなすのに十分なレベルにある。それに対して、あとの3つは、小学校入学の前後までに、文字の読みの獲得のための努力を要する、指導ないし介入を受けることにつながっていくと考えられる。それぞれのRouteにはそれぞれの継承的学びの開始の姿があるはずである。

　自発的な文字読みの過程の中で、継承的学びの開始を捉える観点として、文字の拾い読みを積極的にすること、読めない−出来ないことに気づくこと、文字の読みが意味を取ることであることがわかり、新しい目標に向かって努力することの3つを捉え、それが自分自身で取り組まれていっているかどう

かを考えながら、どのようなタイプがあるのかを取り出してみよう。

　1）自分なりの興味と活動が"自然に"継承的学びへと発展していく。

　大人との相互作用も活発で、子ども自身のメタ認知の働きも早くから開始される。そのために、特に努力せずにゲーム感覚で拾い読みをし、早くに文字を覚えてしまう。絵本の読み聞かせなどによることばの知識も豊富であることから、単語読みへの移行もスムーズである。自発的な文字読みのイメージにうまく当てはまる子どもたち。Route 1 と Route 2 のほとんどの彼らは大人の世界は自分も参加できるものとして、不安をもたず、自信をもって継承的学びを開始することが出来る。もちろん、目標に向かった努力が要請されることもあろうが、多くのものはそれを乗り越えられる。日本語の文字のシステムが漢字を含んでいることは子どもたちに将来にわたっての"読めるようになるべき世界"を知らせているとも言える。継承的学びの開始の時にある程度の見通しをもてることは、子どもたちの学びに安定感をもたらしている可能性がある。

　2）文字の読み書きも含めて、大人の世界には価値のある行動があることがわかり、それに向かった努力と結果が評価されることを知り、それに沿った行動がとれる。

　文字の読みの開始も、拾い読みも大人から評価される（外生的機能をもつ）活動としてのみ行われている。その結果が文字を読むと意味がわかることへとすぐには結びついてこない。仲間との遊びを通して読むことの意味がわかると、それに向かった新しい努力が始められる。

　Route 3 の多くの彼らは友達との活動の中でも、出来る－出来ないに敏感である可能性が高い。出来ることを増やす方向での学びが組み立てられれば、継承的学びにも積極的になるが、出来ないことが多いとがんばれなくなる。大人の介入によって継承的学びをすすめていく、保育園ではごく普通の子どもたちである。

　3）自分の世界と大人の世界との区別や、新しい世界への挑戦が自発的になされない。

　大人から言われたことはやらなければならないとは思っているが、それが

自分にとってどんな意味があるのかがわかっていない。自分を見つめることも育ちにくい。(Route 4 のほとんど)

　彼らは、友達との遊びでも一緒についているだけの、いわゆる幼い子どもたちである。自分で何かをやってみることが少ないままに、大人の手を借りて成長してきた。それでも5歳頃になると、友達との活動を通しての目標行動が開始される兆しが見えるが、小学校入学に間に合わせようとする大人からの介入でつぶされてしまう恐れがある。彼らにとっての継承的学びが「他者からの要請に応えるための努力」としてだけ位置づいていくことが心配される。やれるようになったことの価値を実感できるような経験を組み立ててやりたい。

　4) 大人の世界の価値には無関心だが自分なりの学びには長けている。
　保育園や幼稚園ではマイペース型と呼ばれている。大人の言うことは聞かなくてはならないと思ってはいるのだが、それよりも自分の世界を拡大することに忙しい。自分の活動にはメタ認知をうまく機能させている。(Route 5 の子どもたち)

　子ども時代はこんな姿の方が望ましいのではないかとも思う。いずれシステムに参加していかなくてはならなくなったときに、小さい頃からうまくやってきたものに比べて苦労をするかもしれないが、そんなに気にすることのない子どもたちである。

　以上見てきたのは、読み書きの始まりの時期に子どもたちが見せる継承的学びへの参加の仕方である。小学校低学年まではこのときのタイプが影響するかも知れない。けれども、それぞれの時期で新しい経験を積むことでまた違ったタイプへ移行する可能性も大きい。新しい行動を獲得しようとするときには、その領域の既有知識や関心の度合によってどのタイプの学びになるかが分かれる。他者からの要請に応える努力をしながらも、自分らしさを失わないようにするために新しい適応の仕方も学んでいくことであろう。

　幼児教育界では、読みの早期教育に対する議論がある。早くから文字を"教える"ことが子どもの自発的な学びを損なうというのが"非教育派"の論拠で

ある。本研究からは、教えなくては覚えない子どもたちがいること、そうした子どもたちは自発的な学びの力が十分でない可能性があることが明らかにされた。彼らの多くは、早くから文字が読めるようになっても、より豊かな学びにつなげていかれないかもしれない。そうだとしたら、メタ認知の機能が育ち、文字を読むことの意味を理解してから教育的介入をすることが学び手の自信をつぶさない道であるといえよう。

あとがき

　大人の発達は、子どもとの暮らしの中でどのようになされていくのか。

　考える発端となったのは、山形大学の家庭科に在籍していた1988年、『子どもの発達と家庭生活』(朝倉書店刊)の第3章「子どもの発達と家庭教育」に、親としての教育を主として扱ったことにあった。
　生涯にわたる発達とは、経験の積み上げや多様化を通して生きる一生の間に起こるものなので、子育てをする大人に必要な「発達」を理解するために、「人間はどんな存在なのか」という視点で捉えた「人間理解の枠組み」を提案してある。
　もう一つの視点は、生まれた時には「ことば」を持たない幼な子が、大人という仲間に支えられながら学び合うことで、「ことばの育ち」が広げられていくことである。1993年に立命館大学に移ってから参加したプロジェクト「生涯発達における学びの多様性と個性化の過程」の中の「言語システムの生涯発達モデルの構造」をまとめたことがきっかけとなった。

　本書では、大人の発達における「共感・支え合い・学び合い・認め合い・わかり合い」を取り上げてきた。そこから、仲間と共に育つ人間の、生涯における社会的関係が見えて来た。
　大人になって育てる側に立場が変わった時、新しい役割が生まれ、新たな仲間とのつながりが生まれる。
　仲間と共に暮らす時、交流することばのやりとりが始まる。
　やりとりしながら、支え合い、学び合う。その交流の中で、自分の世界が広がりを感じ、自分の人生を自覚し、人は育っていく。
　育てるから、育てる側が育つのである。
　大人の発達は、「次世代の人たちとの関わり」が大事なのです。

あとがき

　本書をまとめるにあたり、立命館大学大学院のゼミで共に研究した、小川徳子さん、片山伸子さん、川端美穂さん、渋谷郁子さん、高田薫さんにはお手伝いをいただき、感謝いたします。

用語と人名解説

第1部
第1章
（1）金子みすゞ（1903-1930）
　　　日本の童謡詩人。「みんなちがって、みんないい」は、詩「わたしと小鳥とすずと」の中の最後の節にあたる。
（2）ピアジェ（Jean Piaget 1896-1980）
　　　スイスの心理学者。子どもの知能や思考の発達について研究し、認知の発達について4段階（感覚運動期・前操作期・具体的操作期・形式的操作期）を設定し、幼児期の知的発達の特徴を論じた。著書に『知能の誕生』（谷村覚・浜田寿美男（訳）ミネルヴァ書房、1978年）、『発生的認識論序説』全3巻（島雄元・田辺振太郎（訳）三省堂、1975-1980年）がある。
（3）弁証法的発展
　　　弁証法（dialectic）は問答、対話の技術を意味するギリシア語から来た哲学用語。個人の中にある考えが生まれ、現実や現場との対話の中でさらに高次のものに変化する。

第2章
（1）発生的心理学
　　　人間の行動や発達理解において、生物としての適応を重視した考え方。ピアジェは生物学を学び自身の理論を発生的認識論と名づけ、認識の発生過程を系統発生と個体発生の両面から捉えようとした。
（2）間主観性
　　　フッサールの提唱した現象学の理論から提示された主観性についての新しい考え方。発達心理学や保育の研究においては鯨岡峻（くじらおかたかし）が養育者や保育者と子どものわかり合いや関係を説明する際に用いている。相手の主観内の出来事や状態を自分に移ってくるかのように理解したり感じたりする状態を指す。フッサールの項も参照。

第3章
（1）蜂ヶ岡保育園
　　　京都市右京区にある保育園。筆者は立命館大学在職中に共同研究を行ったり、園内研修の助言役を務めたりした。創立50周年には、職員と共に『雨あめ降れふれ　ぼくら蜂ヶ岡の子どもやもん』（かもがわ出版、2002年）を出版した。
（2）フッサール（Edmund Fussel 1859-1938）
　　　ドイツの哲学者、現象学の創始者。現象学は、経験の中に知識の原理として機

能する原型を探る姿勢を貫き、さまざまな先入観を排して事象そのものが自ら現れ出る仕方を方法に活かそうとする。現代の哲学や心理学に大きな影響を与えた。

第2部
第1章
（1）倉橋惣三（1882-1955）
大正から昭和にかけて活動した日本の幼児教育の理論家・実践家。児童中心の保育を提唱し、保育界に大きな影響を与えた。
（2）エリクソン（Erik Homburger Erikson 1902-1994）
ドイツに生まれアメリカに帰化した心理学者。人の一生に8つの発達課題と危機をおき、生涯にわたって課題を乗り越えながら人間は発達すると考えた。青年期の発達課題としてあげられたアイデンティティに関する考え方は広く社会に受け入れられている。著書に『幼児期と社会』（仁科弥生（訳）みすず書房、1977年）がある。
（3）ハヴィガースト（Robert James Havighurst 1900-1991）
アメリカの心理学者。発達のそれぞれの時期において解決しておくべき社会心理学的な課題、発達課題を提唱したことで知られる。

第2章
（1）チョムスキー（Noam Chomsky 1928-　）
アメリカの言語学者。生成文法理論を提唱し、言語が異なっても、文法は生得的で普遍的なものであり、その規則に乗っ取って文章が作られると考えた。彼の思想は認知主義にも影響を与えた。著書に『文法と構造』（勇康雄（訳）研究社出版、1963年）がある。
（2）スキナー（Burrhus Frederick Skinner 1904-1990）
アメリカの心理学者。オペラント条件づけの研究で著名であり、彼が実験で使用した装置はスキナーボックスと呼ばれる。行動主義を代表する研究者。教育や育児方法にも強い関心を持ち、大きな影響を与えた。主な著書に『科学と人間行動』（河合伊六ほか（訳）二瓶社、2003年）がある。
（3）ヴィゴツキー（Lev Semenovich Vygotsky 1896-1934）
帝政ロシアからソ連の時代に生きた心理学者。ルリア（1902-1977）、レオンチェフ（1903-1979）らと共に「トロイカ」と名付けた研究グループで精力的に研究を行った。活動したのは10年ほどの間だったが、多くの影響を後世に残した。著書に、『思考と言語』（柴田義松（訳）明治図書、1962年）がある。
（4）くびき（軛・頸木）
車の轅の端につけて牛馬の後頸にかける横木のこと。比喩的に用いて自由を束縛するもの。（『広辞苑第6版』により）

（5）形式的操作（期）

ピアジェの認知発達段階の第4段階にあたる。大体11歳ごろからはじまるとされ、大人と同様の論理的・抽象的な思考が可能になると考えられる段階である。

（6）孔子（B.C.552－B.C.479）

中国の思想家、儒教の創始者。弟子たちとの対話をまとめた『論語』の中の言葉は日本で広く親しまれている。「70歳で…」は、論語の中にある「十五にして学を志し、三十にして立つ。四十にして惑わず。五十にして天命を知る。六十にして耳順う。七十にして心の欲する所に従いて矩を踰えず。」という有名な語句の一節。

第3章

（1）行動主義

人間の行動を人間内部の媒介過程を無視し、刺激（S）と反応（R）の組み合わせから説明しようとする立場。スキナーの項も参照。

（2）認知論

行動主義とは異なり、人間内部の媒介過程、認知を重視し、認知過程の解明から人間の行動や心理を説明する立場。チョムスキーの項も参照。

（3）ソビエト心理学

ヴィゴツキー、ルリアなどソビエト連邦（ロシア）の心理学者たちが行っていた研究の総称。1960〜1970年代に多く日本に紹介され、教育学、教育心理学の分野に大きな影響を与えた。

（4）融即

フランスの心理学者ワロンが用いた用語。模倣のモデルに自分が溶け込むと同時に、モデルを自分が溶け込む働きが生じるような自他が融合した状態を示すことばとして用いられる。

（5）弁証法的思考

弁証法的発展（第1部第1章（3））を参照

第4章

（1）メタ認知

認知についての認知。自分自身の認知活動をモニターし、コントロールする働きのこと。

（2）プロトコル

分野によって様々な意味があるが、心理学の分野では実験中の発話や行動を取り上げて分析することを「プロトコル分析」という。ここでは実験中の子どもの発話や身振りのことを指して「プロトコル」の語を用いている。

引用文献

第1部
第1章
無藤　隆（1995）「現代社会の変貌と生涯発達という見方」無藤 隆・やまだようこ（編）『講座 生涯発達心理学1 生涯発達とは何か──理論と方法』1－9頁　金子書房

浜田寿美男（1993）『発達心理学再考のための序説』ミネルヴァ書房

鯨岡　峻（1999）『関係発達論の構築：間主観的アプローチによる』ミネルヴァ書房

ブルーナー　Bruner, J. S.（1986）*Actual minds, Possible worlds.* Cambridge, MA: Harvard University Press.

高木和子（1993）「生涯発達における学びの多様性と個性化の過程──プロジェクトⅢ研究の枠組み作りにむけて──」『立命館教育科学研究』vol.3　1－14頁　立命館大学教育科学研究所

岡本夏木（1982）『子どもとことば』岩波書店

岡本夏木（1985）『ことばと発達』岩波書店

パスカル・レオーネ　Pascual-Leone, J.（1983）"Growing into human maturity : Toward a metasubjective theory of adulthood stages." *Life-span development and behavior. vol.* 5 pp.118－156

村井潤一（1995）『発達心理学と私：当日の報告を中心に発達理論を考える（発達について）』教育心理学年報 34　24－27頁　日本教育心理学会

原　ひろ子（1991）「次世代育成力──類としての課題」原ひろ子・舘かおる（編）『母性から次世代育成力へ──産み育てる社会のために』305－330頁　新曜社

高木和子・木村みわ子（1984）「保育領域の家庭科教育指導内容」『家庭科教育』vol.58（9）167－177頁　家政教育社

グラノットとガードナー　Granott, N. & Gardner, H. (1994). "When minds meet : interaction, coincidence and development in domains of ability." In R. J. Sternberg & R. K. Wagner. (Eds.), *Mind in context: Interactionist perspectives on human intelligence.* pp.171－201 Cambridge : Cambridge University Press.

下仲順子（1995）「高齢化社会における新しい老人像」無藤隆・やまだようこ（編）『講座 生涯発達心理学1 生涯発達とは何か──理論と方法』81－116頁　金子書房

第2章
矢野嘉夫・落合正行（1991）『発達心理学への招待──人間発達の全体像を探る』梅本堯夫・大山正（監修）新心理学ライブラリ5　サイエンス社

ニューマン夫妻　Newman, B. M.& Newman P. R.（2003）*Development through life : a*

psychosocial approach（8th ed.）．CA：Wadsworth Thomson Learning.
高木和子（1985）「幼児期の認知発達および言語経験にかかわる調査項目 細目集」『昭和59年度文部省科学研究費一般研究（C）幼児期の認知発達的変化にかかわる言語経験の質の解析』 山形大学
高木和子（1982）「自由活動の場面における幼児の会話行動の研究」『日本保育学会35回大会発表論文集』 469-470頁 日本保育学会
ロゴフ　Rogof, B.（1990）*Apprenticeship in thinking : cognitive development in social context*. London：Oxford University Press.
コールダー　Calder, N.（1980）　田中淳（訳）『人間、この共謀するもの：人間の社会的行動』 BBC科学シリーズ3　みすず書房
エルダー　Elder, G. H., Jr.（1998）"The life course and human development." In W. Damon & R. M. Lerner (Eds.), *Handbook of child psychology vol. 1. Theoretical models of human development*.（5th ed., pp. 939-991）. New York：Wiley.
ブロンフェンブレンナーとモーリス　Bronfenbrenner, U., & Morris, P. A.（1998）"The ecology of developmental processes." In W. Damon & R. M. Lerner (Eds.), *Handbook of child psychology vol. 1. Theoretical models of human development*..（5th ed., pp. a993-1028）NewYork：Wiley
バルテス　Baltes, P. B., & Lindenberger, U. & Staudinger, U. M.（1998）　"Life-span theory in developmental psychology." In W. Damon & R. M. Lerner (Eds.), *Handbook of child psychology vol.1. Theoretical models of human development*.（5th ed., pp.1029-1043）. New York: Wiley.
守屋慶子（2006）「中・高年期からの心理的発達―「適応」から「創造」へ」『立命館文學』第594号　1050-1066頁　立命館大学人文学会
高木和子（1995）「個性化の過程としての生涯発達の視点から社会生活における「学び」をとらえる」『立命館教育科学プロジェクト研究シリーズⅢ』3-14頁 立命館大学教育科学研究所
岡本夏木　1982　第1章参照

第3章

高田薫（2004）「協同問題解決としての子育て：他者に頼ることで生じる人との付き合い」『立命館人間科学研究』7　35-45頁　立命館大学人間科学研究所
垣内国光・櫻谷真理子（2002）『子育て支援の現在―豊かな子育てコミュニティーの形成をめざして』MINERVA福祉ライブラリー54　ミネルヴァ書房
浜名紹代（2003）「育児サークルに参加することで見えてくる親の育ち」『日本発達心理学会第14回大会発表論文集』 日本発達心理学会
津止正敏・高木和子（2004）「シンポジウム報告　24時間保育から考えるこれからの子

引用文献

育ち・子育て」『立命館人間科学研究』No.7　87－100頁　立命館大学人間科学研究所
穐山貞登（2000）（監修）『参加社会の心理学』川島書店
菊池章夫・久保信子・林理（2000）「社会的問題解決と個人のスキル」穐山貞登（監修）『参加社会の心理学』　131－162頁　川島書店
古簗安好（1968）『集団参加の心理学』　明治図書出版
谷徹（1998）『意識の自然：現象学の可能性を拓く』　勁草書房
中島義道（1997）『〈対話のない社会〉：思いやりと優しさが圧殺するもの』PHP研究所
髙木和子（2000）「生涯発達モデル構築への視点―「世話される／世話する」関係と世代交代―」『立命館 教育科学研究』vol.14　41－52頁　立命館大学教育科学研究所
門脇厚司（1999）『子どもの社会力』　岩波書店

第2部
第1章
倉橋惣三（1931）「家庭と家庭教育」日本両親再教育協會（編）『子供研究講座』第4巻　先進社

第2章
岡本夏木　第1部第1章参照

第3章
髙木和子（1993）「生涯発達における学びの多様性と個性化の過程―プロジェクトⅢ研究の枠組み作りにむけて―」『立命館教育科学研究』vol.3　1－14頁　立命館大学教育科学研究所
ケッセン　Kessen, W.（1984）"Introduction : The end of the age of development." In R. J. Sternberg (Ed.), *Mechanisms of cognitive development.* pp.1－17　New York：Freemann.
パスカル・レオーネ（1983）　第1部第1章参照
辰野千寿（1994）『学習心理学』　教育出版
ロゴフ（1990）　第1部第2章参照
グラノットとガードナー（1994）　第1部第1章参照
ロジャース(1956) Rogers, C. R. & B. F. Skinner. "Some issues of concerning the control of human behavior：A Symposium." vol. 124, No. 3231　*Science*. pp.1057-1066　村山正治（訳）（1967）「人間行動の統制に関する二、三の問題点：シンポジウム」『ロジャーズ全集12：人間論』8章　岩崎学術出版社
伊藤隆二（1983）　『親にとって子どもとは何か』　福村出版
ワロン　Wallon, H. "Les étapes de la sociabilité chez l'enfant."（1952）*Enfance.* pp.309-323　浜田寿美男（訳）1980「子どもにおける社会性の発達段階」『発達』No 3　110－119頁　ミネルヴァ書房

フィールド　Field, T. M.（1992）"Psychological attunement in close relationships." *Life-span Development and Behavior. vol. 11*　pp.2 − 26
ネルソン　Nelson, K.（1992）"Emergence of autobiographical memory at age 4." *Human Development, 35*　pp.172 − 177
パーナー　Perner, J.（1992）"Grasping the concept of representation: Its impact on 4-year-olds. Theory of Mind and beyond." *Human Development, 35*　pp.146 − 55
キャンベル　Campbell, R. L.（1992）"A shift in the development of natural-kind categories." *Human Development, 35* pp.156 − 164
ダビットソン　Davidson, P. M.（1992）"Genevan contributions to characterizing the age 4 transition." *Human Development, 35*　pp.165 − 171
村井潤一（1995）　第1部第1章参照
ロッシ　Rossi, A.S.（1980）"Aging and parenthood in the middle years." *Life-span Development and Behavior. vol. 3*　pp.138 − 207
ブルーナー　1986　第1部第1章参照

第4章

マリー・クレイ　Clay, M. M.（1967）"The reading behaviour of five year old children：A research report." *New Zealand Journal of Educational Studies. 2*　pp.11 − 31
柴崎正行（1987）　「幼児は平仮名をいかにして覚えるか」『別冊発達』6　187 − 199頁　ミネルヴァ書房
茂呂雄二（1988）　『人はなぜ書くのか』　東京大学出版会
無藤隆（1993）　「幼児における文字の読み書きと読書の技能と信念に関する縦断的研究」『1992 − 1993年度科学研究助成金成果報告書』
グッドマン　Goodman, Y.（1986）"Children coming to know literacy." In W. Teale & E.Sulzby（Eds.）*Emergent literacy*　pp.1 − 14　Norwood, NJ：Ablex.

索 引

[ア 行]

秋山貞登 62
A LITTLE RED HOOD 131
案内的参加（guided participant） 110 112
育児学 33
育児支援 59
育児放棄 59
依存（dependance） 23 26 38 47 48 64 65 76 85 89 114
異他的他者 64
一次的ことば 19 100
一時保育 59
一生にわたる発達（Development through life - A psychological approach） 32
伊藤隆二 113
意味の発見過程 40
イリノイ大学 10
インターネット 59
ヴィゴツキー Vygotsky, L.S. 99 103 110
内と外（と）の統合（化） 99 100 101 102 104 106
「内と外との統合化の過程としてのことばに関わる認識システムの発達的多様化」 6 10 19 42 101
促し読み 133 135 138
エルダー Elder, G. H. 39
エリクソン Erikson, E. H. 87 89 114 119
岡本夏木 19 43 44 100 101 104
落合正行 32
大人の行動 34 37 75 112
大人の発達 31 32 42 53 60 65 66 69 73 75 76 78 113 145
大人への脱皮 72
親世代 22 30 70

親の心、子知らず 24
親の育ち 55 113
親の役割 85 89 95 96
親はなくとも子は育つ 57
思いやり 27 37 65 97
音と文字 127
音声 19 20 103

[カ 行]

外言 103
外在するシステム 99
外生的機能 129 131 141
概念的知識 19 20
概念的認識性 72 104
垣内国光 58
書きことば 17 43 44 47 101 102 104 105 106 115 118 130
書きことばの獲得 104 115 118
学習心理学 116
賢さ（wisdom） 41 48
家政学 33
家政学会 85
家族 9 15 16 24 29 36 51 53 55 56 73 74 76 77 79 83 86 92
学校教育 43 70 72 104 116 122 123 124 145
学校文化 38
家庭科 9 14 25 85 145
家庭教育 83 85 86 87 89 90 113
家庭生活の教育性 86
「家庭と家庭教育」 86
ガードナー Gardner, H. 27 110
門脇厚司 68
仮名文字 125 126 130 133 140

索引

金子みすゞ 18
可変性 17
感覚運動期 102
感覚運動的知能 43 49 102 114 115
関係発達論 15
漢字 131 132 133 134 135 136 137 138 141
間主観性 35 110
完成態 10 40 99 109
記憶過程 18
菊池章夫 62
記号 105 127 130
記号性 19
規則性 20 72 104
義務教育 74 117 125
木村みわ子 25
客観性重視-相互主体性重視 17
キャンベル Campbell, R. L. 116
教育システム 126
教育性 86
教育的介入 126 138 143
教育的機能 86 89
共感的情動 115
共生的相互作用 105 120
共生的学び 20 21 43 67 70 76 77 79 111 115 121 122 123 125
協調性 86
共同 27 28 36 38 55 56 61 62 63 64 65 66 67 68 75 76 77 79 94 110 111 112 120 123
共同・協力(collaboration) 110 123
共同性 15
共同的(な)他者 64 65 67
協約性 100
勤勉感 92
近隣ネットワーク 58
鯨岡峻 15 16 22
具体的操作(期) 105 118

グッドマン Goodman, Y.M. 130 132
くびき 100 102
グラノット Granott, N. 27 100
倉橋惣三 86
繋合希求性 16
形式的操作(期) 105 119 123
継承の学び 21 43 67 76 83 116 117 121 122 123 124 125 130 131 140 141 142
ケーススタディ 131
ケッセン Kessen, W. 109
研究協力園 55
研究プロジェクト 61
言語系システム 99 100 106
言語的概念的知識 20
言語の思考 19 115
言語の知識 20
言語と思考 106
言語文化 125
語彙の獲得 20
語彙爆発の時期 71
公共心 96 97
孔子 106
交代遊び 115
後天的学習 37
行動基盤 42 44 46
行動主義 109
行動のくびき 102
行動的サイン性 19 100 102 114 115
行動同期性 20
行動様式 49
行動レパートリー 51 122
高齢化社会 31
国語の制定 126
国際読書学会(IRA) 10
個人 15 16 17 18 20 22 23 29 31 32 34 35 36 37 38 39 40 41 42 43 49 50 51 52 53 57 63 64 65 67

155

索 引

個人（Person）　39
個人差　30　31　101　106　108　119　120　121
　　122　124　128　129　130　131　137　138　140
個人の原理　37
個性　18　62　106　114　118　121　124
個性化　18　19　22　20　22　44　83　99　106
　　107　108　109　114　117　118　119　124　145
個性の完成　22　106　121
子世代　22
子育て　13　24　29　31　33　35　40　48
　　55　56　57　58　59　60　61　62　63　65　66　68
　　73　75　113　114　119　123
子育てコミュニティー　62
子育てサークル　58　61　63　64
子育て支援　55　56　57　58　59　61　62　63
　　65　66　68　75
子育てネットワーク　58
個体性　15
ごっこ遊び　20　103　116
「ことば」　9　10　37　71　83　99
ことばと認識　19　20　43　52　53
ことばの獲得　37　99　100　101
ことばの交流　70　72　76
ことばの生活化　104
ことばの育ち　9　10　145
ことばの内言化・抽象化　50
子どもプロジェクト　55
コミュニケーション　21　37　46　50　52　53
　　71　103　116
コミュニティー　57　62
個－類　15
コールダー　Calder, N.　36
子を持って知る親の恩　24　53

[サ　行]

サインの交換　43　49
櫻谷真理子　58

支え合い　9　55　56　57　58　59　60　61　62
　　63　64　65　66　68　75　145
支え合い（interdependence）　65
支え合いの輪　55　56　58　59　61　62　63　64
　　65　68　75
参加社会の心理学　62
支援活動　56
支援プログラム　38　62
自我　64　67　87
自我の形成　88
自我同一性　93
思考の深化と内省化　73　105　120
思考の道具　100　103　105　120
自己　32　50　66
自己概念　39
自己決定　50
自己充実欲求　16
自己主張　43　49
自己制御過程　39
自己像　26
自己統合　20　67
自己統合的思考　44
自己統合的認識性　21
自己統合的学び　21　43　67　73　76
自己統合的歴史認識　22
自己と他者　66　100
自己評価　39
自己矛盾性　16
自主独立（independence）　64
思春期　47　73　74　89　93
死すべきもの（mortel）　35
次世代育成力　24　25
自然科学的アプローチ　13
自－他　20
しつけ　21　31　51　86　90　93　113　115　120
　　122
児童学　33

索　引

児童心理学　13　31　38　69
児童文化財　95　96
自発的な学習　122
自発的な活動　33　37
自発的な発話　132
自発的な拾い読み　139
自発的な学び　16　37　126　142　143　145
自発的な文字読み　83　125　129　140　141
自発読み　130　133　134　135　136　137　138
　139　140
自分らしさ　9　20　21　40　48　73　99　106
　109　114　124
自分らしさの自覚　20　21　40　99　106
下仲順子　29
社会化　51　68　86　94
社会心理学　38
社会的共有性　101
社会(的)(な)相互作用　35　65　106　110　112
　113　114　117　119　120　121　123
社会的相互作用論者　110
社会的システム　34
社会的存在　108
社会－認知的システム　119
社会力　68
社会・歴史的認識　67
社会・歴史的認識性(社会歴史的認識)　20
　67　105　120
就学義務化　14
習熟度　112
集団参加性　62　63
集団の原理　37
集団保育　62
縦断データ　127
十人十色　60　66
住民参加型　62
柴崎正行　127　137
主体　31　44　49　53　108　110

主体性　52　113
主体的(な)参加　38　46　49　53
主導感　91
順序記憶テスト(TOPT)　131
障害　14　121
障害児　14
障害児の療育　14
生涯発達心理学　10　29　31　32　38　39　40
　41　49　52　69　78　79　145
生涯発達モデル　9　13　14　20　23　30　40
　43　67　99　100　113　121
生涯発達理論　39
象徴作用　100
象徴的機能　19
情動的交流　19
情動的サイン性　19　100　101　114　115
情緒の一体感　49
情緒の共感　36
情動のくびき　102
情緒の交流　101　103
情緒的反応　122
自律性　90
自律性の獲得　90
人生の終末　22　40　42　106　118　124
身体の成熟　74　78　93
身体の変化　22
身体の成熟期　74
シンポ報告　60
シンボル　19　37　100
心理学　13　14　23　31　37　41　62
心理学的システム　34
親和性　63　64　67　77　79
スキナー Skinner, B.F.　99
スキル　44
ストレス　56　57　59　60
スローガン　65
清音　125

157

索　引

生活行動　23　36　46　49　71　77　87　89　97　104
静観対象　19
生殖　40　105　119　120
生殖行動　35　114
成人期　19　22　32　38　42　44　55　109　119
　　120　122　146
精神的安定　89
精神分析　87　114　119
生態学的な視点　39
成長モデル　34　40　41
性道徳　96
性的成熟　119　120
青年期　9　17　20　30　32　48　52　66　67
　　101　109　119
生物学的システム　34
生物学的視点　34
生物学的発生　31
生物的(性的)成熟　22
生命体　35
生命の原理　35
生命のサイクル　40
生物の進化　37
生命のプログラム　35　36
性役割　95
勢力性　63　64
生理的バランス　89
世代交代　13　14　22　23　24　26　27　29　30
　　40　42　47　48　53　67　69　70　73　74　78
　　105　106　109　145
世代交代のメカニズム　22　23
世話される－世話する　13　14　23　27　29
　　69　78　145
世話のやりとり　29
世話焼き　27　28
世話を受け(る)　24　25　26　28　29　30
世話を焼く　27
前読み書き期　136

善悪判断　95
早期教育　128　142
相互依存　36　64　66　68　75　77　79
相互依存 (inerdependence)　64
相互依存性　65
相互作用　15　19　20　24　25　28　35　36　37
　　42　44　46　49　50　51　52　53　59　60　65
　　66　105　106　109　110　111　112　113　114　115
　　116　117　118　119　120　121　123　126　128
　　141
相互作用活動　49
相互作用論者　110
相互主体性重視　17
相互性　36　59　66　75
相互的共同　27　28
相互的共同 (collaboration)　27
相互模倣　36
相対的価値　97
相対的思考　119
育つ－育てる　15　22　23　24　26　29　145
育てる－育てられる　22
育てられ経験　24
外のシステム　99　104
その人らしさ　18　20　108　124
ソビエト心理学　110

[タ　行]

対人援助　56　57
対人行動　22
対人的自己　40
第二次性徴　47　93
大分水嶺理論家　128
高木和子　34　67　109
高田薫　55　145
他者　14　22　26　27　28　34　36　37　44　46
　　49　52　56　59　64　65　66　67　68　73
　　75　77　79　87　100　101　108　115　122　142

索　引

多層的発達モデル　49　70
辰野千寿　110
谷　徹　64
ダビットソン　Davidson, P.M.　116
単語読み　135　141
知覚過程　18
中学家庭科　70
中国語　126
抽象的な記号　105
抽象的（な）世界　22　118
抽象的ルール　50
中年期の危機　120　124
長音　127
調整構造（Collective）　119　123
直観的思考　116
チョムスキー　Chomsky, Noam　99
つもり　19　102
適応行動形成期　44
適応のプログラム　16
トイレットトレーニング　115
同調行動　50
「道徳性」　26
東北の自治体　14
特殊音節　127
TOPT（Temporal Order Perception Test）　131　132　136　138

[ナ　行]

内言化　50　103
内在化　99
内的なシステム　99
内的表象性　103
中島義道　64　65
仲間　9　10　15　16　20　21　23　27　28　29　34　35　36　37　39　41　42　43　44　46　48　49　50　51　52　55　58　59　60　61　63　64　66　67　68　70　71　72　73　74　75　76　77　78　79　83　89　91　95　96　109　110　116　123　138　141　145　146
仲間遊び　43　76　91　92　96　114　115　123
仲間－社会　42
喃語　20
乳児期　52　89　115　120
乳児保育　60
二次的ことば　19　100　101　102
24時間対応型　60
2のn乗目盛り　44　101
日本語　94　126　141
ニューマン夫妻　Newman, B. M. & Newman P. R.　32　34
人間観　14　18　32　40
人間性　87
人間理解の枠組み　14　15　32　33　34　35　69　145
認識システム　10　18　19　43　71　101
認識と行動　100
認知的能力　33
認知発達理論　19
認知論　109
ネット仲間　59
ネルソン　Nelson, K.　116
能力重視－生活重視　17

[ハ　行]

Power-system　119
Power／Love Ego system　119
這えば立て、立てば歩めの親心　70　89
パスカル・レオーネ　Pascual-Leone, J.　19　109　119　123
パーソナリティ　39
蜂ヶ岡保育園　55
発生的心理学（genetic psychology）　31
発声の統制　102　104
発達観　14　16　33

索　引

発達心理学　10　13　14　20　29　31　32　33　34　38　69　87　107　108　113
発達段階説　87
発達段階理論　119
発達的契機　49
発達的多様化　10　18　19　43　71　101
発達保障　15
発達保障分科会　14
話しことば　19　20　43　44　50　70　71　83　100　101　102　103　104　106　114　115　116　126　128
話しことばの獲得　43　100　101　114　126
話しことばの形成　44
パーナー　Perner, J.　116
母親性　24
ハヴィガースト　Havighurst, R.J.　89　114
浜田寿美男　13　15　17　18
浜名紹代　58
原 ひろ子　24　25
バルテス　Baltes, P. B.,　39
Handbook of Child Psychology　38
ピアジェ　Piaget, J.　19　43　102　105　109　115　118　119
非教育派　142
非相互的特徴　24
非対称性　110
評価的適応　39
表記の効率　126
標準偏差　136
表象システム　116
平仮名清音　125
平仮名読み　125　127
拾い読み　127　129　131　133　134　135　136　138　139　140　141
ピンイン　126
フィールド　Field, T. M.　115
フッサール　Husserl, E.　64　67

不釣り合いな共同（asymmetric collaboration）　27
ふり　19　102　103
ブルーナー　Bruner, J.S.　17　122
古簱安好　62
プロトコル　132
ブロンフェンブレンナー　Bronfenbrenner, U.　39
文化社会的視点　34
文化人類学者　24
文化的価値　26　111　112
文化的学習　94　95
文化的装置　23
文化的知識　20　93
文化特殊性　17
文化の継承　47　125　128
文脈（context）　39
文脈依存的　102　114
変化のメカニズム　109
弁証法的思考　119　120　123
弁証法的発展　19
保育学　33　85
補償作用　39
母性　24　25
ボランティア活動　24　62
本プロジェクト　68

[マ　行]

学び合い　9　55　145
学びの多様化　20　43
学びの多様性　21　99
学びの分化　112
マリー・クレイ　Marie M. Clay　126
みんな違って、みんないい　18
無藤 隆　13　39　129　131
村井潤一　20　117　122
メタ言語的　130
メタ認知（的）　130　131　132　136　138　139

141　142　143
文字環境　129　130　131　137
文字の音　138
文字の拾い読み　127
文字読み　83　125　128　129　130　131　137
　　　140　141
モノ（対象物）　71
模倣　28　36　50　89　110　111
模倣（imitation）　110
モーリス Morris, P. A.　39
守屋慶子　41　48
茂呂雄二　128

両性　24
類似性　63
ルール　20　36　43　50　58　123
レディネス　126
連続と非連続　33
連帯性　63　64
ロゴフ Rogoff, B.　35　65　110　112　117
ロジャーズ Rogers, C. R.　112
ロッシ Rossi, A.S.　120
論理的思考　20　47　53　128
論理的思考操作　109
論理的認識性　105　120

[ヤ　行]

矢野嘉夫　32　40
山形大学　9　14　145
やまだようこ　40
融即　115
養育行動　22　34　42　46　89　114
拗音　127
養護学校　14
幼児教育　14　97　142
幼児教育実践者　86
予期的社会化　68
読み書き　46　47　125　126　128　130　140　141
　　　142
読み書きの習得　125　126　128

[ワ　行]

枠組みの提示（scaffolding）　110
「私たちの子ども」　63
私の成立　72
私の中の私たち　16　21　29　67　75
私らしさ　44　46　49　50　51　52　73　74
　　　78　146
ワロン Wallon, H.　115

[表／図]

図1　内と外との統合化の過程としてのことばに関わる認知システムの発達的多様化　6　45
図2　人生における世界の変化の多層的発達モデル　6　45
図3　各項目に対する質問の流れ　133
表1　共同の程度と参加者の知識の差による相互作用の質の違い　28　111
表2　子どもの発達課題と家庭教育のテーマの推移　88
表3　読みのレベルの分類と年齢分布　135
表4　レベル群別のTOPT成績　136

[ラ　行]

ライフコース　39
ライフサイクル　40
Love-system　119
立命館大学　10　145
Reading Center　10
療育援助　14
両義性　16
両義的存在　15

著作関連目録

○1965年
　「読みの不振の原因と治療」『読書科学』vol.8　日本読書学会　ハリスA.J.／高木和子訳
○1968年
　「回帰成就値による読書不振児の研究」『読書科学』vol.11　1－15頁　日本読書学会　共著
　「児童のシンタックス機能の発達──実験文再生法による分析──」『東京成徳短期大学紀要』vol.7　17－31頁　東京成徳短期大学
○1972年
　「読みの指導への心理言語学的接近（Ⅰ）──入門期におけるシンタックス能力の個人差測定の試み──」『読書科学』vol.15　87－95頁　日本読書学会
　「幼児の読み書き能力」国立国語研究所報告45『読書科学』vol.16　68－69頁　日本読書学会
○1974年
　「絵本のおもしろさの分析──内容の分析と読み聞かせ中の反応を中心として──」『読書科学』vol.17（3、4）　81－93頁　日本読書学会　共著
○1975年
　「絵本の読み聞かせに関する研究（1）──くり返し読み聞かせによる分析──」『読書科学』vol.18　105－113頁　日本読書学会　共著
　「幼児の国語：その指導の実際」福沢周亮編『実用保育選書10』ひかりのくに　共著
○1977年
　「幼児における継時的情報処理能力の発達──Temporal Order Memoryについて──」『山形大学紀要（教育科学）』vol.6　549－558頁　山形大学
　「絵本の読みきかせに関する研究（2）──おはなし作りに及ぼす読み聞かせの効果の検討──」『読書科学』vol.20　105－111頁　日本読書学会　共著
　「読み」『児童心理学の進歩1977年版』第8章　vol.16　金子書房
○1978年
　「物語シェマの形成における幼児むけ物語のもつくりかえし構造の役割」『山形大学紀要（教育科学）』vol.7（1）　83－107頁　山形大学
　「配列教示理解における教示文の継時的構造特性の役割──認知的枠組みの成立との関連において──」『教育心理学研究』vol.26（2）　10－18頁　日本教育心理学会
　「TV視聴からみた幼児の物語理解過程」『日本保育学会第31回発表論文集』日本保育学会　共著
○1979年
　「物語の理解・記憶における認知的枠組み形成の役割」『教育心理学研究』vol.27（1）

　　　　18−26頁　日本教育心理学会　共著
　「記憶過程の発達に及ぼす要因の検討―継時的順序操作の役割を中心として―」
　　　『山形大学紀要（教育科学）』vol.7（2）　305−322頁　山形大学
　「幼児の物語理解におよぼすメディア特性の影響―テレビ視聴による物語理解を
　　　中心として―」　『読書科学』vol.22　1−9頁　日本読書学会
　「物語の理解・記憶過程における予測の役割」『読書科学』vol.22　69−78頁　日本読
　　　書学会　共著
　「幼児の物語理解におよぼす先行情報の質的効果」『教育心理学研究』vol.27（4）　238
　　　−244頁　日本教育心理学会　共著
○1980年
　「幼児の物語構成理解におよぼす継時的情報処理能力の効果」『山形大学紀要（教育
　　　科学）』vol.7（3）　427−440頁　山形大学
　「物語絵本に対する興味について―実証的研究―」『野間教育研究所紀要〈第31集〉
　　　読書興味の研究』179−268頁　講談社　共著
　「情報理解のメカニズムとその発達」『心理学評論』vol.23（1）　37−55頁　心理学評論
　　　刊行会　共著
　「物語理解における Frame 情報および Setting 情報の役割」『教育心理学研究』
　　　vol.28（3）　239−345頁　日本教育心理学会　共著
　「Interests in Picture Books of Japanese Five Years olds」『Reading Teacher』vol.33（4）
　　　442−444頁　I.R.A.
○1981年
　「家庭科」『実践教育心理学 3　授業の心理』5 章 9　教育出版
　「知識の獲得をめぐって」『サイコロジー』No.2（4）　32−39頁　サイエンス社
　「幼児の移動および回収指示理解における継続的情報処理能力の効果」『山形大学紀
　　　要（教育科学）』vol.7（4）　577−587頁　山形大学
　「人と話ができるようになるまで―言語の発達」『乳幼児心理学を学ぶ』5 章　有斐閣
○1982年
　「物語絵本の理解における絵の効果」『日本読書学会26回大会発表論文集』38−43頁
　　　日本読書学会　共著
○1983年
　「子どもの発達と注意」『心理学評論』vol.26（3）　229−244頁　心理学評論刊行会
　「幼児の絵画ストーリー構成における情報の統合化」『山形大学紀要（教育科学）』
　　　vol.8（2）　109−128頁　山形大学
○1984年
　「幼児の物語理解における継時的情報処理能力の役割」博士論文　筑波大学
　「児童文学―子どもの物語経験」『児童心理学の進歩 1984年版』第 7 章　金子書房

「保育領域の家庭科教育指導内容」『家庭科教育』vol.58（9）167－177頁 家政教育社
「文章理解の心理学」『言語生活』393　51－58頁　筑摩書房
○1985年
「知識の獲得と理解」　『学習心理学』第8章　福村出版
「4歳期の認知発達と言語行動（1）：物語世界の構成と5歳前期におけるTOPT成績との関連」『日本教育心理学会27回総会発表論文集』148－149頁 日本教育心理学会
「保育研究の歩み」『―静と動の保育―東原幼稚園の保育実践』2－4頁 東原幼稚園
「幼児期の認知発達および言語経験にかかわる調査項目 細目集」『昭和59年度文部省科学研究費一般研究（C）幼児期の認知発達的変化にかかわる言語経験の質の解析』山形大学
○1987年
「幼児における物語の客観的理解のための認知的統制―TOPT成績との関連による検討―」『山形大学紀要（教育科学）』vol.9（2）319－331頁　山形大学
「幼児期の物語経験」 福沢周亮編『子どもの言語心理（2）幼児のことば』Ⅲ章 95－140頁　大日本図書
○1988年
「子どもの発達と家庭教育」　久世妙子・高木和子編家政学シリーズ5 『子どもの発達と家庭生活』3章　63－89頁　朝倉書店
○1992年
「子どもの邪気の正体は？」『心理学フロンティア―心の不思議にせまる』教育出版
「幼児の生活における記憶にもとづく行動の個人差―小麦粉粘土作りの再生教示場面をとおしての分析―」『立命館文學』第525号　203－223頁 立命館大学人文学会
○1993年
「生涯発達における学びの多様性と個性化の過程―プロジェクトⅢ研究の枠組み作りにむけて―」『立命館教育科学研究』vol.3　1－13頁 立命館大学教育科学研究所
「言語系システムの生涯発達モデルの構造―生涯発達における学びの多様性と〈個性化の過程〉『立命館教育科学研究』vol.3　立命館大学教育科学研究所
○1994年
「個性のあらわれ―三歳児から五歳児まで」　岡本夏木編『講座 幼児の生活と教育3 個性と感情の発達』　岩波書店
「課題遂行時における行動統制の発達」『立命館教育科学研究』No.4　77－85頁 立命館大学教育科学研究所　共著
○1995年
「個性化の過程としての生涯発達の視点から社会生活における「学び」をとらえる」『立命館教育科学プロジェクト研究シリーズⅢ』3－14頁 立命館大学教育科学研究所

著作関連目録

「幼児の自発的な文字読みを通してみた継承的学びの始まり」『立命館教育科学プロジェクト研究シリーズⅢ』47－62頁　立命館大学教育科学研究所
○1996年
　「小学生の日常生活における学びの個人差―未習漢字語の熟知度評定の再分析を通して―」『立命館教育科学研究』No.7　9－16頁　立命館大学教育科学研究所
○1997年
　「4歳と5歳―大人との世界に自覚的に参加していく準備」『発達』No.18（70）27－33頁　ミネルヴァ書房
　「就学前児の文化的学習への参加の仕方とその個人差に関する検討―ひらがな文字はんこを用いた「思い出」作文の実践の記録をとおして―」『立命館大学教育科学研究』No.9　123－141頁　立命館大学教育科学研究所　共著
　「就学前児の文化的学習への参加の場としての保育の組み立て―仲間との楽しい生活と学びの喜びを柱にした実践―」『立命館大学教育科学プロジェクト研究シリーズⅦ』3－14頁　立命館大学教育科学研究所　共著
　「就学前児が「書く」文章の産出過程の分析―ひらがな文字はんこを用いた「思い出」作文を材料として―」『立命館文學』第548号　147－168頁　立命館大学人文学会
○1998年
　「保育者の行動評定から見た子ども像―3年間の縦断データを通して―」『平成9～11年度科学研究費補助金（基盤研究（B）（2））研究成果報告書』　立命館大学　共著
○2000年
　「生涯発達モデル構築への視点―「世話される／世話する」関係と世代交代―」『立命館人間科学研究』vol.14　41－52頁　立命館大学人間科学研究所
　「「社会－認知的発達」という概念をめぐって―プロジェクト「社会と認知」：幼児期・児童期の研究の背景―」『立命館教育科学プロジェクト研究シリーズⅩⅣ（A 1）』1－10頁　立命館大学教育科学研究所
　「保育園児における本の借り出し行動―かな文字読字量とTOPT成績を認知的指標とした検討―」『立命館教育科学プロジェクト研究シリーズⅩⅣ（A1）』31－38頁　立命館大学教育科学研究所　共著
　「保育園での仲間との活動が支えるひらがな文字読みの習得過程―習得の個人差を手がかりにして―」『平成9～11年度科学研究費基盤研究（B）（2）子どもの自発的な学習の社会的側面の解析―書きことばの自発的取得過程に焦点をあてて―』13－27頁　立命館大学　共著
　「大きく変わる生活の場」　高木和子編著『小学一年生の心理　幼児から児童へ』第1章　大日本図書
　「自覚的な小学生になる二年生」　高木和子編著『小学二年生の心理　なじんだランドセル』第1章　大日本図書

○2001年
　「発達心理学における現場研究の成立事例の検討─保育にごっこ遊びを積極的に導入することの効果研究を材料にして─」『立命館人間科学研究』vol.1　5－20頁　立命館大学人間科学研究所　共著
○2002年
　『雨あめ降れふれ　ぼくら蜂ヶ岡の子どもやもん』編・監修　かもがわ出版
○2004年
　「ことばを育てる　心を育む」『子どもと学力　1年生』春・夏・秋・冬号　フォーラム・A
　「子育て支援をめぐる「支えあいの輪」の機能─子どもプロジェクトにおいて核となる概念の位置づけ─」『立命館人間科学研究』No.7　3－12頁　立命館大学人間科学研究所
　「シンポジウム報告　24時間保育から考えるこれからの子育ち・子育て」『立命館人間科学研究』No.7　1頁　立命館大学人間科学研究所　共著
○2005年
　「自己のビデオ映像に対する幼児の認知研究の結果を比較検討する─課題に対する子どもの反応のばらつきをどうとらえていくか」『春筍』vol.1　1－11頁　立命館大学文学研究科 for PRO 研究会
　「ことばを育てる　学校をたのしい世界の入り口に」『子どもと学力　2年生』春・夏・秋・冬号　フォーラム・A
　「子育て支援に取り組む大人の発達─やまがた育児サークルランドの運営参加者を対象として─」『学術フロンティア推進事業プロジェクト研究シリーズ…13』立命館大学人間科学研究所　共著
○2006年
　「「生涯発達心理学」が必要とする新しい「発達」の概念─大人の発達を記述する視点の提案─」『春筍』vol.2　66－83頁　立命館大学文学研究科 for PRO 研究会
○2007年
　「ことばにかかわる認識システムの発達が「発達モデル」になるまで─発達的多様化モデルの成立過程再考─」『春筍』vol.3　88－99頁　立命館大学文学研究科 for PRO 研究会
○2008年
　「人間の発達の場としてコミュニケーションを考える「ことばに関わる認識システムの発達モデル」再考に向けての草稿─その1─」『春筍』vol.4　67－78頁　立命館大学文学研究科 for PRO 研究会
　「大人のいない場面で子どもはどう遊ぶか─室内での砂場遊びの分析から─」『立命館大学人間科学研究』No.16　45－56頁　立命館大学人間科学研究所　共著
　「幼児の集団遊びにみる協約的かかわり（1）　3－6歳児の遊び場面における発話

の分析」『日本発達心理学会第19回大会発表論文集』　日本発達心理学会　共著
「幼児の集団遊びにみる協約的かかわり（2）3歳児の独語の受容過程」『日本発達心理学会第19回大会発表論文集』日本発達心理学会　共著
○2009年
「言語使用の発達と教育：意味の成層化とストーリー化」を考察する──岡本夏木先生が遺していかれたものを探る──」『春筍』vol. 5　55－70頁　立命館大学文学研究科 for PRO 研究会
「幼児の集団遊びにみる協約的かかわり（3）──4、5歳児における遊びの形成および維持のプロセス──」『日本発達心理学会第20回大会発表論文集』日本発達心理学会　共著
○2010年
「幼児のふり遊びの共有における協約性と言語発達の検討」『立命館大学人間科学研究』No.21　163－172頁　立命館大学人間科学研究所　共著
○2011年
「3歳児はどのようにして大人を遊びに引き込むか：室内砂場におけるやりとりの分析」『立命館大学人間科学研究所報告書　幼児同士の「わかりあいのコミュニケーション」成立におけることばの機能──子どものことばは仲間との遊びを成立させるためにどのように使われるのか？──』　立命館大学人間科学研究所　共著
「子ども（育ちあい）グループにおける「砂場あそび」研究」『立命館大学人間科学研究所報告書　幼児同士の「わかりあいのコミュニケーション」成立におけることばの機能──子どものことばは仲間との遊びを成立させるためにどのように使われるのか？──』　立命館大学人間科学研究所　共著

《著者紹介》

高木和子　たかぎ　かずこ

　1941年　東京に生まれる
　1964年　東京教育大学教育学部心理学科卒業
　1964年　財団法人 野間教育研究所嘱託
　1965年　同研究所助手
　1971年　東京教育大学大学院教育学研究科教育心理学専攻修士課程修了
　1971年　同大学院教育学研究科教育心理学専攻博士課程入学
　1973年　東京成徳短期大学幼児教育科常勤講師
　1974年　東京教育大学大学院教育学研究科教育心理学専攻博士課程単位
　　　　　取得満期退学
　1975年　山形大学教育学部家庭科講師
　1980年　山形大学教育学部家庭科助教授
　1983年　教育学博士（筑波大学）
　1990年　立命館大学文学部心理学専攻教授
　2007年　立命館大学文学部名誉教授
　2018年　現在に到る

編著書
「Ⅲ章 幼児期の物語経験」『子どもの言語心理（２）幼児のことば』1987年　大日本図書
『小学一年生の心理　幼児から児童へ』2000年　大日本図書
『小学二年生の心理　なじんだランドセル』2000年　大日本図書
『雨あめ降れふれ　ぼくら蜂ヶ岡の子どもやもん』2002年　かもがわ出版

支え合い・学び合いで育つ「わたし」
人生を広げる生涯発達モデル

2018年3月20日　初版　第1刷発行

著　者　髙木和子
発行者　相原奈津江
発行所　エディット・パルク
　　　　〒617-0822　京都府長岡京市八条が丘2-2-12-206
　　　　Tel&Fax.（075）955-8502　振替00910-2-147362
　　　　http://web.kyoto-inet.or.jp/people/cogito/
印刷・製本　亜細亜印刷株式会社

Ⓒ Edit-Parque 2018　　　　　　　　Printed in Japan
　　　　　　　　ISBN978-4-901188-11-1 C3011

落丁、乱丁本はお取り替えいたします。
本書のコピー、スキャン、デジタル化等の無断複製は、著作権法上での例外を除き禁じられています。本書を代行業者等の第三者に依頼してスキャンやデジタル化することは、たとえ個人や家庭内での利用であっても著作権法上認められておりません。

既刊書のご案内

フェルディナン・ド・ソシュール
一般言語学第一回講義
リードランジェによる講義記録
付・エングラー版批判
小松英輔／編　相原奈津江・秋津伶／訳
2008年刊 A5判 上製本 320頁 ¥3500＋税
ISBN978-4-901188-06-7 C1080

1907年。たった6人の生徒を前にした初めての一般言語学講義。通時言語学のダイナミズム！　時間の中で起こる音声変化が共時的なもの、文法的なものにどのような影響や結果を与えるのか。音声変化と類推的創造、さらには民間語源説との「変化」の比較を行いながら、ラングとパロールの差異にも言及。付録として編者小松英輔による「ソシュールの『一般言語学講義』——エングラー版批判」を収録。

フェルディナン・ド・ソシュール
一般言語学第二回講義
リードランジェ／パトワによる講義記録
小松英輔／編　相原奈津江・秋津伶／訳
2006年刊 A5判 上製本 320頁 ¥3500＋税
ISBN978-4-901188-05-0 C1080

1908-1909年の二度目の一般言語学講義。前半で言語学を記号学として捉え、その誕生を宣言。共時的（文法的）なものと通時的（音声）なものとの相違と同時にその紛らわしさを指摘。後半の「一般言語学の序論としてのインド・ヨーロッパ言語学の概要」を通してそれまでの言語学の誤りを指摘し、今日でもなお有効な言語学への批判を行っている。新発見のパトワのノートにより、第二回講義の臨場感が増している。

フェルディナン・ド・ソシュール
〈増補改訂版〉
一般言語学第三回講義
コンスタンタンによる講義記録
＋ソシュールの自筆講義メモ
小松英輔／編　相原奈津江・秋津伶／訳
2009年刊 A5判 上製本 336頁 ¥3500＋税
ISBN978-4-901188-07-4 C1080

1910-1911年の最後の一般言語学講義。諸言語の地理的、時間的な相違を述べた後、抽象化された単数の言語（ラング）に到達し、その一般原理を導こうとする。ランガージュ、ラング、パロールとは何か。言語記号の第一の原理である恣意性、次に線条性を語り、同一性について、単位について、価値についての議論を積極的に展開。ソシュールの自筆講義メモを加え、講義内容がより立体的に深められるようになった。

もう一人のソシュール
小松英輔著
2011年刊 A5判 上製本 317頁 ¥3200＋税
ISBN978-4-901188-09-8 C1010

日本人で初めて原資料の調査を行いマイクロフィルムで記録した国際的評価の高い著者による『ソシュール自伝』、アナグラムについての『事前に読むべき最初のノート』等の全訳をはじめ、『一般言語学はどのようにして書かれたか』、『もう一人のソシュール』、『ソシュール研究のために』等の論考、言語学と記号学と神話学を結び合わせた『ホイットニー』、神話のディスクール『トリスタン』の原テキストの掘り起し全文を収録。

既刊書のご案内

勅使河原蒼風の世界
目眩めく生命の祭
広瀬典丈著

2002年刊 四六判 上製本 200頁 ¥1600＋税
ISBN4-901188-01-1 C1076

「芸術」は価値であり、非「芸術」は無価値であった。西洋の眼差しの中で倒立した焦点を結んできた「日本」像。グローバリゼーションとナショナリズムのせめぎあう波が今後「いけばな」の運命をどう変えるのか？勅使河原蒼風と草月を軸に「歴史」を鋭く照射する。

ソシュールのパラドックス
相原奈津江著

2005年刊 A5判 上製本 272頁 ¥1900＋税
ISBN4-901188-04-6 C1080

前半は、著者と編集者との対話形式によって、ソシュールの行った「一般言語学」を解説・批評しながら、言語学が作り上げてきた数々の虚構をソシュールの視点で照射する。後半『「日本語」を再審する』は一日本語教師として、「日本語」とはどういうものかを鋭く考察。

境界の詩歌
Poesie auf der Grenze
内藤惠子著

2009年刊 A5判 上製本 328頁 ¥2800＋税
ISBN978-4-901188-08-1 C0090

1部：ドイツ語による「日本の詩歌」の論考。詩歌は言語の壁を超え得るのか。翻訳の可能性と不可能性を追求した異色の論文。2部：大正年間の母性保護論争、子供の知的発達と母親との関係などの教育学的な論考。3部：ドイツ、チェコでの女性問題を扱った論文の訳。

境界の詩歌　補遺
ゲーテの古典劇「タウリスのイフィゲーニエ」における独白の機能（ドイツ語評論）

Poesie auf der Grenze Appendix
"Die Funktion der Monologe in Goethes Drama "Iphigenie auf Tauris"

内藤惠子著
2011年刊　A5判　上製本　23頁

魂のドラマと呼ばれているように人間の内面過程を強調、クローズアップしている。その為必然的に独白が多用されている。この機能を追及しさらにこの劇の二層構造、独白が独白と、対話が対話と結びつき形成される二層が劇の進行を時には停滞させ、ジグザグに進ませる点を明らかにするものである。

遠　望
詩・エッセイ・評論集成
内藤惠子著

2017年刊 A5判 上製本 178頁 ¥2000＋税
ISBN978-4-901188-10-4 C0095

回顧的視点の背景にざわめく無数の歌。懐かしさに溢れた過去の糸をゆっくりと紡ぎ、編み上げていく、詩とエッセイと評論の刺繍。

Ⅰ詩（遠望．異郷・惜別・花・風・命・虫・永遠）Ⅱエッセイ（ゴブラン織／おやつの思い出／指揮台をたたく音／おばとの別れ／久保田一竹美術館／追悼　大西宏典氏へ／追悼　松尾直美さんへ）Ⅲ評論（日本人の詩情）